THÉATRES FRANÇAIS.

CHEFS-D'OEUVRE
DRAMATIQUES
DE VOLTAIRE.

TOME TROISIÈME.

PARIS,
CHEZ MARTIAL ARDANT FRERES, EDITEURS,
rue Hautefeuille, 14.
LIMOGES,
A LA MÊME LIBRAIRIE.

1840.

THÉATRES FRANÇAIS.

CHEFS-D'OEUVRE

DRAMATIQUES

DE VOLTAIRE.

TOME 3.

THÉATRES FRANÇAIS.

CHEFS-D'OEUVRE

DRAMATIQUES

DE VOLTAIRE.

TOME TROISIÈME.

PARIS,

CHEZ MARTIAL ARDANT FRERES, EDITEURS,
Rue Hautefeuille, 14.

LIMOGES,
A LA MEME LIBRAIRIE.

1840.

L'ENFANT PRODIGUE,

COMÉDIE,

Représentée, pour la première fois le 10 octobre 1736.

PRÉFACE

DE L'ÉDITEUR DE L'ÉDITION DE 1738.

Il est assez étrange que l'on n'ait pas songé plus tôt à imprimer cette comédie, qui fut jouée il y a près de deux ans, et qui eut environ trente représentations. L'auteur ne s'étant point déclaré, on l'a mise jusqu'ici sur le compte de diverses personnes très estimées; mais elle est véritablement de M. de Voltaire, quoique le style de la Henriade et d'Alzire soit si différent de celui-ci, qu'il ne permet guère d'y reconnaître la même main.

C'est ce qui fait que nous donnons sous son nom cette pièce au public, comme la première comédie qui soit écrite en vers de cinq pieds. Peut-être cette nouveauté engagera-t-elle quelqu'un à se servir de cette mesure. Elle produira sur le théâtre français de la variété; et qui donne des plaisirs nouveaux doit toujours être bien reçu.

Si la comédie doit être la représentation des mœurs, cette pièce semble être assez de ce caractère. On y voit un mélange de sérieux et de plaisanterie, de comique et de touchant. C'est ainsi que la vie des hommes est bigarrée; souvent même une seule aventure produit tous ces contrastes. Rien n'est si commun qu'une maison dans laquelle un père gronde, une fille occupée de sa passion pleure, le fils se moque des deux, et quelques parents prennent différemment part à la scène. On raille très souvent dans une chambre de ce qui attendrit dans la chambre voisine; et la même personne a quelquefois ri et pleuré de la même chose dans le même quart-d'heure.

Une dame très respectable [1] étant un jour au chevet d'une de ses filles [2] qui était en danger de mort, entourée de toute sa famille, s'écriait en fondant en larmes : « Mon dieu, rendez-la « moi, et prenez tous mes autres enfants! » Un homme qui avait épousé une autre de ses filles [3] s'approcha d'elle, et la tirant par la manche, « Madame, dit-il, les gendres en sont-ils? » Le sang-froid et le comique avec lequel il prononça ces paroles fit un tel effet sur cette dame affligée, qu'elle sortit en éclatant de rire; tout le monde la suivit en riant, et la malade, ayant su de

[1] La première maréchale de Noailles.

[2] Madame de Gondrin, depuis comtesse de Toulouse.

[3] Le duc de la Vallière.

quoi il était question, se mit à rire plus fort que les autres.

Nous n'inférons pas de là que toute comédie doive avoir des scènes de bouffonnerie et des scènes attendrissantes. Il y a beaucoup de très bonnes pièces où il ne règne que de la gaieté; d'autres toutes sérieuses, d'autres mélangées, d'autres où l'attendrissement va jusqu'aux larmes. Il ne faut donner l'exclusion à aucun genre : et si l'on me demandait quel genre est le meilleur, je répondrais, « Celui qui est le « mieux traité. »

Il serait peut-être à propos et conforme au goût de ce siècle *raisonneur* d'examiner ici quelle est cette sorte de plaisanterie qui nous fait rire à la comédie.

La cause du rire est une de ces choses plus senties que connues. L'admirable Molière, Regnard, qui le vaut quelquefois, et les auteurs de tant de jolies petites pièces, se sont contentés d'exciter en nous ce plaisir, sans nous en rendre jamais raison, et sans dire leur secret.

J'ai cru remarquer aux spectacles qu'il ne s'élève presque jamais de ces éclats de rire universels qu'à l'occasion d'une méprise. Mercure pris pour Sosie; le chevalier Ménechme pris pour son frère; Crispin faisant son testament sous le nom du bon-homme Géronte; Valère parlant à Harpagon des beaux yeux de sa fille, tandis qu'Harpagon n'entend que les beaux yeux de sa cassette; Pourceaugnac à qui on tâte le pouls, parce qu'on le veut faire passer pour fou : en un mot, les méprises, les équivoques de pareille espèce excitent un rire général. Arlequin ne fait guère rire que quand il se méprend; et voilà pourquoi le titre de *balourd* lui était si bien approprié.

Il y a bien d'autres genres de comique. Il y a des plaisanteries qui causent une autre sorte de plaisir; mais je n'ai jamais vu ce qui s'appelle rire de tout son cœur, soit aux spectacles, soit dans la société, que dans des cas approchants de ceux dont je viens de parler.

Il y a des caractères ridicules dont la représentation plaît, sans causer ce rire immodéré de joie. Trissotin et Vadius, par exemple, semblent être de ce genre; le Joueur, le Grondeur, qui font un plaisir inexprimable, ne permettent guère le rire éclatant.

Il y a d'autres ridicules mêlés de vices, dont on est charmé de voir la peinture, et qui ne causent qu'un plaisir sérieux. Un mal-honnête homme ne fera jamais rire, parce que dans le rire il entre toujours de la gaieté, incompatible avec le mépris et l'indignation. Il est vrai qu'on rit au Tartuffe; mais ce n'est pas de son hypocrisie, c'est de la méprise du bon-homme qui le croit un saint; et l'hypocrisie une fois reconnue, on ne rit plus, on sent d'autres impressions.

On pourrait aisément remonter aux sources de nos autres sentiments, à ce qui excite la gaieté, la curiosité, l'intérêt, l'émotion, les larmes. Ce serait surtout aux auteurs dramatiques à nous développer tous ces ressorts, puisque ce sont eux qui les font jouer. Mais ils sont plus occupés de remuer les passions que de les examiner; ils sont persuadés qu'un sentiment vaut mieux qu'une définition; et je suis trop de leur avis pour mettre un traité de philosophie au-devant d'une pièce de théâtre.

Je me bornerai simplement à insister encore un peu sur la nécessité où nous sommes d'avoir des choses nouvelles. Si l'on avait toujours mis sur le théâtre tragique la grandeur romaine, à la fin on s'en serait rebuté; si les héros ne parlaient jamais que de tendresse, on serait affadi.

O imitatores, servum pecus!

Les ouvrages que nous avons depuis les Corneille, les Molière, les Racine, les Quinault, les Lulli, les le Brun, me paraissent tous avoir quelque chose de neuf et d'original qui les a sauvés du naufrage. Encore une fois tous les genres sont bons, hors le genre ennuyeux.

Ainsi il ne faut jamais dire, si cette musique n'a pas réussi, si ce tableau ne plaît pas, si cette pièce est tombée, c'est que cela était d'une espèce nouvelle ; il faut dire, c'est que cela ne vaut rien dans son espèce.

PERSONNAGES.

EUPHÉMON PÈRE.
EUPHÉMON FILS.
FIÉRENFAT, président de Cognac, second fils d'Euphémon.
RONDON, bourgeois de Cognac.
LISE, fille de Rondon.
LA BARONNE DE CROUPILLAC.
MARTHE, suivante de Lise.
JASMIN, valet d'Euphémon fils.

La scène est à Cognac.

L'ENFANT PRODIGUE,

COMÉDIE.

ACTE PREMIER.

SCÈNE I

EUPHÉMON, RONDON.

RONDON.

Mon triste ami, mon cher et vieux voisin,
Que de bon cœur j'oublierai ton chagrin!
Que je rirai! Quel plaisir! Que ma fille
Va ranimer ta dolente famille!
Mais mons ton fils, le sieur de Fierenfat,
Me semble avoir un procédé bien plat.

EUPHÉMON.

Quoi donc?

RONDON.

Tout fier de sa magistrature,
Il fait l'amour avec poids et mesure.
Adolescent qui s'érige en barbon,
Jeune écolier qui vous parle en Caton,
Est, à mon sens, un animal bernable;
Et j'aime mieux l'air fou que l'air capable:
Il est trop fat.

EUPHÉMON.

Et vous êtes aussi
Un peu trop brusque.

RONDON.

Ah! je suis fait ainsi.
J'aime le vrai, je me plais à l'entendre;
J'aime à le dire, à gourmander mon gendre;
A bien mater cette fatuité,
Et l'air pédant dont il est encroûté.
Vous avez fait, beau-père, en père sage,
Quand son aîné, ce joueur, ce volage,
Ce débauché, ce fou, partit d'ici,
De donner tout à ce sot cadet-ci;
De mettre en lui toute votre espérance,
Et d'acheter pour lui la présidence
De cette ville : oui, c'est un trait prudent.
Mais dès qu'il fut monsieur le président,
Il fut, ma foi! gonflé d'impertinence :
Sa gravité marche et parle en cadence :
Il dit qu'il a bien plus d'esprit que moi,
Qui, comme on sait, en ai bien plus que toi.
Il est....

EUPHÉMON.

Eh mais! quelle humeur vous emporte?
Faut-il toujours....

RONDON.

Va, va, laisse, qu'importe?
Tous ces défauts, vois-tu, sont comme rien,
Lorsque d'ailleurs on amasse un gros bien.
Il est avare; et tout avare est sage.
Oh! c'est un vice excellent en ménage,
Un très bon vice. Allons, dès aujourd'hui.

Il est mon gendre, et ma Lise est à lui.
Il reste donc, notre triste beau-père,
A faire ici donation entière
De tous vos biens, contrats, acquis, conquis,
Présents, futurs, à monsieur votre fils,
En réservant sur votre vieille tête
D'un usufruit l'entretien fort honnête;
Le tout en bref arrêté, cimenté,
Pour que ce fils, bien cossu, bien doté,
Joigne à nos biens une vaste opulence;
Sans quoi soudain ma Lise à d'autres pense.

EUPHÉMON.

Je l'ai promis, et j'y satisferai;
Oui, Fierenfat aura le bien que j'ai.
Je veux couler au sein de la retraite
La triste fin de ma vie inquiète;
Mais je voudrais qu'un fils si bien doté
Eût pour mes biens un peu moins d'âpreté.
J'ai vu d'un fils la débauche insensée,
Je vois dans l'autre une ame intéressée.

RONDON.

Tant mieux! tant mieux!

EUPHÉMON.

Cher ami, je suis né
Pour n'être rien qu'un père infortuné.

RONDON.

Voilà-t-il pas de vos jérémiades,
De vos regrets, de vos complaintes fades?
Voulez-vous pas que ce maître étourdi,
Ce bel aîné dans le vice enhardi,
Venant gâter les douceurs que j'apprête,
Dans cet hymen paraisse en trouble-fête?

EUPHÉMON.

Non

RONDON.

Voulez-vous qu'il vienne sans façon
Mettre en jurant le feu dans la maison?

EUPHÉMON.

Non

RONDON.

Qu'il vous batte, et qu'il m'enlève Lise?
Lise autrefois à cet aîné promise;
Ma Lise qui....

EUPHÉMON.

Que cet objet charmant
Soit préservé d'un pareil garnement!

RONDON.

Qu'il rentre ici pour dépouiller son père?
Pour succéder?

EUPHÉMON.

Non.... tout est à son frère.

RONDON.

Ah! sans cela point de Lise pour lui.

EUPHÉMON.

Il aura Lise et mes biens aujourd'hui;
Et son aîné n'aura pour tout partage
Que le courroux d'un père qu'il outrage:
Il le mérite, il fut dénaturé.

RONDON.

Ah! vous l'aviez trop long-temps enduré.
L'autre du moins agit avec prudence:
Mais cet aîné! quel trait d'extravagance!
Le libertin, mon Dieu, que c'était-là!
Te souvient-il, vieux beau-père, ah, ah, ah,

Qu'il te vola, ce tour est bagatelle,
Chevaux, habits, linge, meubles, vaisselle,
Pour équiper la petite Jourdain,
Qui le quitta le lendemain matin?
J'en ai bien ri, je l'avoue.

EUPHÉMON.

Ah! quels charmes
Trouvez-vous donc à rappeler mes larmes?

RONDON.

Et sur lui as mettant vingt rouleaux d'or....
Eh, eh!

EUPHÉMON.

Cessez.

RONDON.

Te souvient-il encor,
Quand l'étourdi dut en face d'église
Se fiancer à ma petite Lise,
Dans quel endroit on le trouva caché?
Comment, pour qui?... Peste, quel débauché!

EUPHÉMON.

Épargnez-moi ces indignes histoires,
De sa conduite impressions trop noires;
Ne suis-je pas assez infortuné?
Je suis sorti des lieux où je suis né
Pour m'épargner, pour ôter de ma vue
Ce qui rappelle un malheur qui me tue:
Votre commerce ici vous a conduit;
Mon amitié, ma douleur vous y suit.
Ménagez-les: vous prodiguez sans cesse
La vérité; mais la vérité blesse.

RONDON.

Je me tairai, soit: j'y consens, d'accord.
Pardon; mais diable! aussi vous aviez tort,

En connaissant le fougueux caractère
De votre fils, d'en faire un mousquetaire.

EUPHÉMON.

Encor !

RONDON.

Pardon ; mais vous deviez....

EUPHÉMON.

Je dois
Oublier tout pour notre nouveau choix,
Pour mon cadet, et pour son mariage.
Çà, pensez-vous que ce cadet si sage
De votre fille ait pu toucher le cœur ?

RONDON.

Assurément. Ma fille a de l'honneur,
Elle obéit à mon pouvoir suprême ;
Et quand je dis, Allons, je veux qu'on aime,
Son cœur docile, et que j'ai su tourner,
Tout aussitôt aime sans raisonner :
A mon plaisir j'ai pétri sa jeune ame.

EUPHÉMON.

Je doute un peu pourtant qu'elle s'enflamme
Par vos leçons ; et je me trompe fort
Si de vos soins votre fille est d'accord.
Pour mon aîné j'obtins le sacrifice
Des vœux naissants de son ame novice :
Je sais quels sont ces premiers traits d'amour :
Le cœur est tendre ; il saigne plus d'un jour.

RONDON.

Vous radotez.

EUPHÉMON.

Quoi que vous puissiez dire,
Cet étourdi pouvait très-bien séduire.

RONDON.

Lui? point du tout; ce n'était qu'un vaurien.
Pauvre bon-homme! allez, ne craignez rien;
Car à ma fille, après ce beau ménage,
J'ai défendu de l'aimer davantage.
Ayez le cœur sur cela réjoui;
Quand j'ai dit non, personne ne dit oui.
Voyez plutôt.

SCÈNE II.

EUPHÉMON, RONDON, LISE, MARTHE.

RONDON.

Approchez, venez, Lise;
Ce jour pour vous est un grand jour de crise.
Que je te donne un mari jeune ou vieux,
Ou laid ou beau, triste ou gai, riche ou gueux,
Ne sens-tu pas des désirs de lui plaire,
Du goût pour lui, de l'amour?

LISE.

Non, mon père.

RONDON.

Comment, coquine?

EUPHÉMON.

Ah, ah! notre féal,
Votre pouvoir va, ce semble, un peu mal
Qu'est devenu ce despotique empire?

RONDON.

Comment? après tout ce que j'ai pu dire,
Tu n'aurais pas un peu de passion
Pour ton futur époux?

LISE.

Mon père, non.

RONDON.

Ne sais-tu pas que le devoir t'oblige
A lui donner tout ton cœur ?

LISE.

Non, vous dis-je.
Je sais, mon père, à quoi ce nœud sacré
Oblige un cœur de vertu pénétré ;
Je sais qu'il faut, aimable en sa sagesse,
De son époux mériter la tendresse,
Et reparer du moins par la bonté
Ce que le sort nous refuse en beauté ;
Être au dehors discrète, raisonnable ;
Dans sa maison, douce, égale, agréable :
Quant à l'amour, c'est tout un autre point ;
Les sentiments ne se commandent point.
N'ordonnez rien ; l'amour fuit l'esclavage.
De mon époux le reste est le partage,
Mais pour mon cœur, il le doit mériter :
Ce cœur au moins, difficile à domter,
Ne peut aimer ni par ordre d'un père,
Ni par raison, ni par-devant notaire.

EUPHÉMON.

C'est à mon gré raisonner sensément ;
J'approuve fort ce juste sentiment.
C'est à mon fils à tâcher de se rendre
Digne d'un cœur aussi noble que tendre.

RONDON.

Vous tairez-vous, radoteur complaisant,
Flatteur barbon, vrai corrupteur d'enfant ?

Jamais sans vous ma fille bien apprise
N'eût devant moi lâché cette sottise.

(à Lise.)

Écoute, toi : je te baille un mari
Tant soit peu fat, et par trop renchéri ;
Mais c'est à moi de corriger mon gendre ;
Toi, tel qu'il est, c'est à toi de le prendre ;
De vous aimer, si vous pouvez, tous deux,
Et d'obéir à tout ce que je veux :
C'est là ton lot ; et toi, notre beau-père,
Allons signer chez notre gros notaire,
Qui vous alonge en cent mots superflus
Ce qu'on dirait en quatre tout au plus.
Allons hâter son bavard griffonnage ;
Lavons la tête à ce large visage ;
Puis je reviens, après cet entretien,
Gronder ton fils, ma fille, et toi.

EUPHÉMON.

Fort bien.

SCÈNE III.

LISE, MARTHE.

MARTHE.

Mon dieu, qu'il joint à tous ses airs grotesques
Des sentiments et des travers burlesques !

LISE.

Je suis sa fille ; et de plus son humeur
N'altère point la bonté de son cœur ;
Et sous les plis d'un front atrabilaire,
Sous cet air brusque, il a l'ame d'un père ;

Quelquefois même, au milieu de ses cris,
Tout en grondant il cède à mes avis.
Il est bien vrai qu'en blâmant la personne
Et les défauts du mari qu'il me donne,
En me montrant d'une telle union
Tous les dangers, il a grande raison ;
Mais lorsqu'ensuite il ordonne que j'aime,
Dieu, que je sens que son tort est extrême !

MARTHE.

Comment aimer un monsieur Fierenfat ?
J'épouserais plutôt un vieux soldat
Qui jure, boit, bat sa femme, et qui l'aime,
Qu'un fat en robe, enivré de lui-même,
Qui, d'un ton grave et d'un air de pédant,
Semble juger sa femme en lui parlant ;
Qui comme un paon dans lui-même se mire,
Sous son rabat se rengorge et s'admire,
Et, plus avare encor que suffisant,
Vous fait l'amour en comptant son argent.

LISE.

Ah ! ton pinceau l'a peint d'après nature.
Mais qu'y ferai-je ? il faut bien que j'endure
L'état forcé de cet hymen prochain.
On ne fait pas comme on veut son destin :
Et mes parents, ma fortune, mon âge,
Tout de l'hymen me prescrit l'esclavage.
Ce Fierenfat est, malgré mes dégoûts,
Le seul qui puisse être ici mon époux ;
Il est le fils de l'ami de mon père ;
C'est un parti devenu nécessaire.
Hélas ! quel cœur, libre dans ses soupirs,
Peut se donner au gré de ses désirs ?

Il faut céder : le temps, la patience,
Sur mon époux vaincront ma répugnance ;
Et je pourrai, soumise à mes liens,
A ses défauts me prêter comme aux miens.

MARTHE.

C'est bien parler, belle et discrète Lise :
Mais votre cœur tant soit peu se déguise.
Si j'osais.... mais vous m'avez ordonné
De ne parler jamais de cet aîné.

LISE.

Quoi ?

MARTHE.

D'Euphémon, qui, malgré tous ses vices,
De votre cœur eut les tendres prémices,
Qui vous aimait.

LISE.

Il ne m'aima jamais.
Ne parlons plus de ce nom que je hais.

MARTHE, *en s'en allant.*

N'en parlons plus.

LISE, *la retenant.*

Il est vrai, sa jeunesse
Pour quelque temps a surpris ma tendresse.
Était-il fait pour un cœur vertueux ?

MARTHE, *en s'en allant.*

C'était un fou, ma foi, très dangereux.

LISE, *la retenant.*

De corrupteurs sa jeunesse entourée
Dans les excès se plongeait égarée :
Le malheureux ! il cherchait tour à tour
Tous les plaisirs ; il ignorait l'amour.

MARTHE.

Mais autrefois vous m'avez paru croire
Qu'à vous aimer il avait mis sa gloire,
Que dans vos fers il était engagé.

LISE.

S'il eût aimé, je l'aurais corrigé.
Un amour vrai, sans feinte, et sans caprice,
Est en effet le plus grand frein du vice.
Dans ses liens qui sait se retenir
Est honnête homme, ou va le devenir.
Mais Euphémon dédaigna sa maîtresse;
Pour la débauche il quitta la tendresse.
Ses faux amis, indigents scélérats,
Qui dans le piège avaient conduit ses pas,
Ayant mangé tout le bien de sa mère,
Ont sous son nom volé son triste père;
Pour comble enfin, ces séducteurs cruels
L'ont entraîné loin des bras paternels,
Loin de mes yeux, qui, noyés dans les larmes,
Pleuraient encor ses vices et ses charmes.
Je ne prends plus nul intérêt à lui.

MARTHE.

Son frère enfin lui succède aujourd'hui:
Il aura Lise; et certes c'est dommage,
Car l'autre avait un bien joli visage,
De blonds cheveux, la jambe faite au tour,
Dansait, chantait, était né pour l'amour.

LISE.

Ah! que dis-tu?

MARTHE.

Même dans ces mélanges
D'égarements, de sottises étranges,

On découvrait aisément dans son cœur,
Sous ses défauts, un certain fonds d'honneur.

LISE.

Il était né pour le bien, je l'avoue.

MARTHE.

Ne croyez pas que ma bouche le loue;
Mais il n'était, me semble, point flatteur,
Point médisant, point escroc, point menteur.

LISE.

Oui; mais....

MARTHE.

Fuyons, car c'est monsieur son frère.

LISE.

Il faut rester; c'est un mal nécessaire.

SCÈNE IV.

LISE, MARTHE, LE PRÉSIDENT FIERENFAT.

FIERENFAT.

Je l'avouerai, cette donation
Doit augmenter la satisfaction
Que vous avez d'un si beau mariage.
Surcroît de biens est l'ame d'un ménage:
Fortune, honneurs, et dignités, je croi,
Abondamment se trouvent avec moi;
Et vous aurez dans Cognac, à la ronde,
L'honneur du pas sur les gens du beau monde.
C'est un plaisir bien flatteur que cela;
Vous entendrez murmurer: *La voilà.*
En vérité, quand j'examine au large
Mon rang, mon bien, tous les droits de ma charge,

Les agréments que dans le monde j'ai,
Les droits d'aînesse où je suis subrogé,
Je vous en fais mon compliment, madame.

MARTHE.

Moi, je la plains : c'est une chose infâme
Que vous mêliez dans tous vos entretiens
Vos qualités, votre rang, et vos biens.
Être à la fois et Midas et Narcisse ;
Enflé d'orgueil et pincé d'avarice ;
Lorgner sans cesse avec un œil content
Et sa personne et son argent comptant ;
Être en rabat un petit-maître avare ;
C'est un excès de ridicule rare :
Un jeune fat passe encor ; mais, ma foi,
Un jeune avare est un monstre pour moi.

FIERENFAT.

Ce n'est pas vous, probablement, ma mie,
A qui mon père aujourd'hui me marie,
C'est à madame : ainsi donc, s'il vous plaît,
Prenez à nous un peu moins d'intérêt.

(*à Lise.*)

Le silence est votre fait.... Vous, madame,
Qui dans une heure ou deux serez ma femme
Avant la nuit vous aurez la bonté
De me chasser ce gendarme effronté,
Qui, sous le nom d'une fille suivante,
Donne carrière à sa langue impudente.
Je ne suis pas un président pour rien,
Et nous pourrions l'enfermer pour son bien.

MARTHE, *à Lise.*

Défendez-moi, parlez-lui, parlez ferme :
Je suis à vous, empêchez qu'on m'enferme ;
Il pourrait bien vous enfermer aussi.

LISE.

J'augure mal déja de tout ceci.

MARTHE.

Parlez-lui donc, laissez ces vains murmures.

LISE.

Que puis-je, hélas ! lui dire ?

MARTHE.

Des injures.

LISE.

Non, des raisons valent mieux.

MARTHE.

Croyez-moi,
Point de raisons, c'est le plus sûr.

SCÈNE V.

LES ACTEURS PRÉCÉDENTS, RONDON.

RONDON.

Ma foi !
Il nous arrive une plaisante affaire.

PIERENFAT.

Eh quoi, monsieur ?

RONDON.

Écoute. A ton vieux père
J'allais porter notre papier timbré,
Quand nous l'avons ici près rencontré,
Entretenant au pied de cette roche
Un voyageur qui descendait du coche.

LISE.

Un voyageur jeune ?...

RONDON.

Nenni vraiment,
Un béquillard, un vieux ridé sans dent.
Nos deux barbons d'abord avec franchise
L'un contre l'autre ont mis leur barbe grise ;
Leurs dos voûtés s'élevaient, s'abaissaient
Aux longs élans des soupirs qu'ils poussaient,
Et sur leur nez leur prunelle éraillée
Versait les pleurs dont elle était mouillée ;
Puis, Euphémon, d'un air tout rechigné,
Dans son logis soudain s'est rencogné :
Il dit qu'il sent une douleur insigne,
Qu'il faut au moins qu'il pleure avant qu'il signe,
Et qu'à personne il ne prétend parler.

FIERENFAT.

Ah ! je prétends, moi, l'aller consoler.
Vous savez tous comme je le gouverne ;
Et d'assez près la chose nous concerne :
Je le connais, et dès qu'il me verra
Contrat en main, d'abord il signera.
Le temps est cher, mon nouveau droit d'aînesse
Est un objet....

LISE.

Non, monsieur, rien ne presse.

RONDON.

Si fait, tout presse ; et c'est ta faute aussi
Que tout cela.

LISE.

Comment ? moi ! ma faute ?

RONDON.

Oui,

Les contre-temps qui troublent les familles
Viennent toujours par la faute des filles.

LISE.

Qu'ai-je donc fait qui vous fâche si fort?

RONDON.

Vous avez fait que vous avez tous tort.
Je veux un peu voir nos deux trouble-fêtes,
A la raison ranger leurs lourdes têtes;
Et je prétends vous marier tantôt,
Malgré leurs dents, malgré vous, s'il le faut.

FIN DU PREMIER ACTE.

ACTE SECOND.

SCÈNE I.

LISE, MARTHE.

MARTHE.

Vous frémissez en voyant de plus près
Tout ce fracas, ces noces, ces apprêts.

LISE.

Ah! plus mon cœur s'étudie et s'essaie,
Plus de ce joug la pesanteur m'effraie :
A mon avis, l'hymen et ses liens
Sont les plus grands ou des maux ou des biens.
Point de milieu ; l'état du mariage
Est des humains le plus cher avantage,
Quand le rapport des esprits et des cœurs,
Des sentiments, des goûts, et des humeurs,
Serre ces nœuds tissus par la nature,
Que l'amour forme, et que l'honneur épure.
Dieux! quel plaisir d'aimer publiquement,
Et de porter le nom de son amant!
Votre maison, vos gens, votre livrée,
Tout vous retrace une image adorée ;
Et vos enfants, ces gages précieux,
Nés de l'amour, en sont de nouveaux nœuds.
Un tel hymen, une union si chère,
Si l'on en voit, c'est le ciel sur la terre.
Mais tristement vendre par un contrat
Sa liberté, son nom, et son état,

Aux volontés d'un maître despotique,
Dont on devient le premier domestique;
Se quereller, ou s'éviter le jour;
Sans joie à table, et la nuit sans amour;
Trembler toujours d'avoir une faiblesse,
Y succomber ou combattre sans cesse;
Tromper son maître, ou vivre sans espoir
Dans les langueurs d'un importun devoir;
Gémir, sécher dans sa douleur profonde;
Un tel hymen est l'enfer de ce monde.

MARTHE.

En vérité, les filles, comme on dit,
Ont un démon qui leur forme l'esprit:
Que de lumière en une ame si neuve!
La plus experte et la plus fine veuve,
Qui sagement se console à Paris
D'avoir porté le deuil de trois maris,
N'en eût pas dit sur ce point davantage.
Mais vos dégoûts sur ce beau mariage
Auraient besoin d'un éclaircissement.
L'hymen déplaît avec le président;
Vous plairait-il avec monsieur son frère?
Débrouillez-moi, de grâce, ce mystère:
L'aîné fait-il bien du tort au cadet?
Haïssez-vous? aimez-vous? parlez net.

LISE.

Je n'en sais rien; je ne puis et je n'ose
De mes dégoûts bien démêler la cause.
Comment chercher la triste vérité
Au fond d'un cœur, hélas! trop agité?
Il faut au moins, pour se mirer dans l'onde,
Laisser calmer la tempête qui gronde,

Et que l'orage et les vents en repos
Ne rident plus la surface des eaux.

MARTHE.

Comparaison n'est pas raison, madame :
On lit très bien dans le fond de son ame,
On y voit clair ; et si les passions
Portent en nous tant d'agitations,
Fille de bien sait toujours dans sa tête
D'où vient le vent qui cause la tempête.
On sait....

LISE.

Et moi, je ne veux rien savoir ;
Mon œil se ferme, et je ne veux rien voir :
Je ne veux point chercher si j'aime encore
Un malheureux qu'il faut bien que j'abhorre ;
Je ne veux point accroître mes dégoûts
Du vain regret d'un plus aimable époux.
Que loin de moi cet Euphémon, ce traître,
Vive content, soit heureux, s'il peut l'être ;
Qu'il ne soit pas au moins déshérité :
Je n'aurai pas l'affreuse dureté,
Dans ce contrat où je me détermine,
D'être sa sœur pour hâter sa ruine.
Voilà mon cœur ; c'est trop le pénétrer ;
Aller plus loin serait le déchirer.

SCÈNE II.

LISE, MARTHE, UN LAQUAIS.

LE LAQUAIS.

LÀ-BAS, madame, il est une baronne
De Croupillac....

LISE.

Sa visite m'étonne.

LE LAQUAIS.

Qui d'Angoulême arrive justement,
Et veut ici vous faire compliment.

LISE.

Hélas ! sur quoi ?

MARTHE.

Sur votre hymen, sans doute.

LISE.

Ah ! c'est encor tout ce que je redoute.
Suis-je en état d'entendre ces propos,
Ces compliments, protocole des sots,
Où l'on se gêne, où le bon sens expire
Dans le travail de parler sans rien dire ?
Que ce fardeau me pèse et me déplaît !

SCÈNE III.

LISE, MADAME CROUPILLAC, MARTHE.

MARTHE.

VOILÀ la dame.

LISE.

Oh ! je vois trop qui c'est.

MARTHE.

On dit qu'elle est assez grande épouseuse,
Un peu plaideuse, et beaucoup radoteuse

LISE.

Des sièges donc. Madame, pardon si....

MADAME CROUPILLAC.

Ah ! madame !

LISE.

Eh, madame!

MADAME CROUPILLAC.

Il faut aussi....

LISE.

S'asseoir, madame.

MADAME CROUPILLAC, *assise.*

En vérité, madame,
Je suis confuse; et dans le fond de l'ame
Je voudrais bien....

LISE.

Madame?

MADAME CROUPILLAC.

Je voudrais
Vous enlaidir, vous ôter vos attraits.
Je pleure, hélas! vous voyant si jolie.

LISE.

Consolez-vous, madame.

MADAME CROUPILLAC.

Oh! non, ma mie,
Je ne saurais; je vois que vous aurez
Tous les maris que vous demanderez.
J'en avais un, du moins en espérance,
Un seul, hélas! c'est bien peu, quand j'y pense,
Et j'avais eu grand'peine à le trouver;
Vous me l'ôtez, vous allez m'en priver.
Il est un temps, ah! que ce temps vient vîte!
Où l'on perd tout quand un amant nous quitte,
Où l'on est seule; et certe il n'est pas bien
D'enlever tout à qui n'a presque rien.

LISE.

Excusez-moi si je suis interdite

De vos discours et de votre visite.
Quel accident afflige vos esprits ?
Qui perdez-vous ? et qui vous ai-je pris ?

MADAME CROUPILLAC.

Ma chère enfant, il est force bégueules
Au teint ridé, qui pensent qu'elles seules,
Avec du fard et quelques fausses dents,
Fixent l'amour, les plaisirs, et le temps :
Pour mon malheur, hélas ! je suis plus sage ;
Je vois trop bien que tout passe, et j'enrage.

LISE.

J'en suis fâchée, et tout est ainsi fait ;
Mais je ne puis vous rajeunir.

MADAME CROUPILLAC.

Si fait :
J'espère encore ; et ce serait peut-être
Me rajeunir que me rendre mon traître.

LISE.

Mais de quel traître ici me parlez-vous ?

MADAME CROUPILLAC.

D'un président, d'un ingrat, d'un époux,
Que je poursuis, pour qui je perds haleine,
Et sûrement qui n'en vaut pas la peine.

LISE.

Eh bien ! madame ?

MADAME CROUPILLAC.

Eh bien ! dans mon printemps
Je ne parlais jamais aux présidents ;
Je haïssais leur personne et leur style ;
Mais avec l'âge on est moins difficile.

LISE.

Enfin, madame ?

MADAME CROUPILLAC.

Enfin il faut savoir
Que vous m'avez réduite au désespoir.

LISE.

Comment! en quoi?

MADAME CROUPILLAC.

J'étais dans Angoulême
Veuve, et pouvant disposer de moi-même:
Dans Angoulême, en ce temps, Fierenfat
Étudiait, apprenti magistrat;
Il me lorgnait; il se mit dans la tête
Pour ma personne un amour mal-honnête,
Bien mal-honnête, hélas! bien outrageant;
Car il faisait l'amour à mon argent.
Je fis écrire au bon-homme de père:
On s'entremit, on poussa loin l'affaire;
Car en mon nom souvent on lui parla:
Il répondit qu'il verrait tout cela;
Vous voyez bien que la chose était sûre.

LISE.

Oh, oui.

MADAME CROUPILLAC.

Pour moi, j'étais prête à conclure.
De Fierenfat alors le frère aîné
A votre lit fut, dit-on, destiné.

LISE.

Quel souvenir!

MADAME CROUPILLAC.

C'était un fou, ma chère,
Qui jouissait de l'honneur de vous plaire.

LISE.

Ah!

MADAME CROUPILLAC.

Ce fou-là s'étant fort dérangé,
Et de son père ayant pris son congé,
Errant, proscrit, peut-être mort, que sais-je ?
(Vous vous troublez !) mon héros de collège,
Mon président, sachant que votre bien
Est, tout compté, plus ample que le mien,
Méprise enfin ma fortune et mes larmes :
De votre dot il convoite les charmes ;
Entre vos bras il est ce soir admis.
Mais pensez-vous qu'il vous soit bien permis
D'aller ainsi, courant de frère en frère,
Vous emparer d'une famille entière ?
Pour moi, déja, par protestation,
J'arrête ici la célébration :
J'y mangerai mon château, mon douaire ;
Et le procès sera fait de manière
Que vous, son père, et les enfants que j'ai,
Nous serons morts avant qu'il soit jugé.

LISE.

En vérité, je suis toute honteuse
Que mon hymen vous rende malheureuse ;
Je suis peu digne, hélas ! de ce courroux.
Sans être heureux on fait donc des jaloux !
Cessez, madame, avec un œil d'envie
De regarder mon état et ma vie ;
On nous pourrait aisément accorder :
Pour un mari je ne veux point plaider.

MADAME CROUPILLAC.

Quoi ! point plaider ?

LISE.

Non ; je vous l'abandonne

MADAME CROUPILLAC.

Vous êtes donc sans goût pour sa personne?
Vous n'aimez point?

LISE.

Je trouve peu d'attraits
Dans l'hyménée, et nul dans les procès.

SCÈNE IV.

MADAME CROUPILLAC, LISE, RONDON.

RONDON.

Oh! oh! ma fille, on nous fait des affaires
Qui font dresser les cheveux aux beaux-pères!
On m'a parlé de protestation.
Eh, vertu-bleu! qu'on en parle à Rondon;
Je chasserai bien loin ces créatures.

MADAME CROUPILLAC.

Faut-il encore essuyer des injures?
Monsieur Rondon, de grâce, écoutez-moi.

RONDON.

Que vous plaît-il?

MADAME CROUPILLAC.

Votre gendre est sans foi;
C'est un fripon d'espèce toute neuve,
Galant, avare, écornifleur de veuve;
C'est de l'argent qu'il aime.

RONDON.

Il a raison.

MADAME CROUPILLAC.

Il m'a cent fois promis dans ma maison
Un pur amour, d'éternelles tendresses,

RONDON.

Est-ce qu'on tient de semblables promesses?

MADAME CROUPILLAC.

Il m'a quittée, hélas! si durement.

RONDON.

J'en aurais fait de bon cœur tout autant.

MADAME CROUPILLAC.

Je vais parler comme il faut à son père.

RONDON.

Ah! parlez-lui plutôt qu'à moi.

MADAME CROUPILLAC.

L'affaire
Est effroyable, et le beau sexe entier
En ma faveur ira partout crier.

RONDON.

Il criera moins que vous.

MADAME CROUPILLAC.

Ah! vos personnes
Sauront un peu ce qu'on doit aux baronnes

RONDON.

On doit en rire.

MADAME CROUPILLAC.

Il me faut un époux;
Et je prendrai lui, son vieux père, ou vous.

RONDON.

Qui, moi?

MADAME CROUPILLAC.

Vous-même.

RONDON.

Oh! je vous en défie.

MADAME CROUPILLAC.

Nous plaiderons.

RONDON.

Mais voyez la folie !

SCÈNE V.

RONDON, FIERENFAT, LISE.

RONDON, *à Lise.*

Je voudrais bien savoir aussi pourquoi
Vous recevez ces visites chez moi ?
Vous m'attirez toujours des algarades.
(*à Fierenfat.*)
Et vous, monsieur, le roi des pédants fades,
Quel sot démon vous force à courtiser
Une baronne afin de l'abuser ?
C'est bien à vous, avec ce plat visage,
De vous donner des airs d'être volage !
Il vous sied bien, grave et triste indolent,
De vous mêler du métier de galant !
C'était le fait de votre fou de frère !
Mais vous, mais vous !

FIERENFAT.

Détrompez-vous, beau-père,
Je n'ai jamais requis cette union :
Je ne promis que sous condition,
Me réservant toujours au fond de l'ame
Le droit de prendre une plus riche femme.
De mon aîné l'exhérédation,
Et tous ses biens en ma possession,
A votre fille enfin m'ont fait prétendre :
Argent comptant fait et beau-père et gendre.

RONDON.

Il a raison, ma foi! j'en suis d'accord.

LISE.

Avoir ainsi raison, c'est un grand tort.

RONDON.

L'argent fait tout : va, c'est chose très-sûre.
Hâtons-nous donc sur ce pied de conclure.
D'écus tournois soixante pesants sacs
Finiront tout, malgré les Croupillacs.
Qu'Euphémon tarde, et qu'il me désespère!
Signons toujours avant lui.

LISE.

Non, mon père;
Je fais aussi mes protestations,
Et je me donne à des conditions.

RONDON.

Conditions, toi? quelle impertinence!
Tu dis, tu dis...?

LISE.

Je dis ce que je pense.
Peut-on goûter le bonheur odieux
De se nourrir des pleurs d'un malheureux?
(à Fierenfat.)
Et vous, monsieur, dans votre sort prospère,
Oubliez-vous que vous avez un frère?

FIERENFAT.

Mon frère? moi, je ne l'ai jamais vu;
Et du logis il était disparu
Lorsque j'étais encor dans notre école
Le nez collé sur Cujas et Barthole.
J'ai su depuis ses beaux déportements;
Et si jamais il reparaît céans.

Consolez-vous, nous savons les affaires,
Nous l'enverrons en douceur aux galères.

LISE.

C'est un projet fraternel et chrétien.
En attendant, vous confisquez son bien :
C'est votre avis; mais moi, je vous déclare
Que je déteste un tel projet.

RONDON.

Tarare.
Va, mon enfant, le contrat est dressé;
Sur tout cela le notaire a passé.

FIERENFAT.

Nos pères l'ont ordonné de la sorte;
En droit écrit leur volonté l'emporte.
Lisez Cujas, chapitres cinq, six, sept :
« Tout libertin de débauches infect,
« Qui, renonçant à l'aile paternelle,
« Fuit la maison, ou bien qui pille icelle,
« *Ipso facto,* de tout dépossédé,
« Comme un bâtard il est exhérédé. »

LISE.

Je ne connais le droit ni la coutume;
Je n'ai point lu Cujas, mais je présume
Que ce sont tous des mal-honnêtes gens,
Vrais ennemis du cœur et du bon sens,
Si dans leur code ils ordonnent qu'un frère
Laisse périr son frère de misère;
Et la nature et l'honneur ont leurs droits,
Qui valent mieux que Cujas et vos lois.

RONDON.

Ah! laissez là vos lois et votre code,
Et votre honneur, et faites à ma mode;

De cet aîné que t'embarrasses-tu ?
Il faut du bien.

LISE.

Il faut de la vertu.
Qu'il soit puni ; mais au moins qu'on lui laisse
Un peu de bien, reste d'un droit d'aînesse.
Je vous le dis, ma main ni mes faveurs
Ne seront point le prix de ses malheurs.
Corrigez donc l'article que j'abhorre
Dans ce contrat qui tous nous déshonore :
Si l'intérêt ainsi l'a pû dresser,
C'est un opprobre, il le faut effacer.

FIERENFAT.

Ah ! qu'une femme entend mal les affaires !

RONDON.

Quoi ! tu voudrais corriger deux notaires ?
Faire changer un contrat ?

LISE.

Pourquoi non ?

RONDON.

Tu ne feras jamais bonne maison ;
Tu perdras tout.

LISE.

Je n'ai pas grand usage,
Jusqu'à présent, du monde et du ménage ;
Mais l'intérêt, mon cœur vous le maintient,
Perd des maisons autant qu'il en soutient.
Si j'en fais une, au moins cet édifice
Sera d'abord fondé sur la justice.

RONDON.

Elle est têtue ; et pour la contenter,

Allons, mon gendre, il faut s'exécuter :
Ça, donne un peu.

FIERENFAT.

Oui, je donne à mon frère....
Je donne.... allons....

RONDON.

Ne lui donne donc guère.

SCÈNE VI.

EUPHÉMON, RONDON, LISE, FIERENFAT.

RONDON.

Ah ! le voici, le bon-homme Euphémon.
Viens, viens, j'ai mis ma fille à la raison.
On n'attend plus rien que ta signature ;
Presse moi donc cette tardive allure :
Dégourdis-toi, prends un ton réjoui,
Un air de noce, un front épanoui ;
Car dans neuf mois, je veux, ne te déplaise,
Que deux enfants.... je ne me sens pas d'aise.
Allons, ris donc, chassons tous les ennuis ;
Signons, signons.

EUPHÉMON.

Non, monsieur, je ne puis.

FIERENFAT.

Vous ne pouvez ?

RONDON.

En voici bien d'une autre.

FIERENFAT.

Quelle raison ?

RONDON.

Quelle rage est la vôtre ?

Quoi ! tout le monde est-il devenu fou ?
Chacun dit, non : comment ? pourquoi ? par où

EUPHÉMON.

Ah ! ce serait outrager la nature
Que de signer dans cette conjoncture.

RONDON.

Serait-ce point la dame Croupillac
Qui sourdement fait ce maudit micmac ?

EUPHÉMON.

Non, cette femme est folle, et dans sa tête
Elle veut rompre un hymen que j'apprête :
Mais ce n'est pas de ses cris impuissants
Que sont venus les ennuis que je sens.

RONDON.

Eh bien ! quoi donc ? ce béquillard du coche
Dérange tout et notre affaire accroche ?

EUPHÉMON.

Ce qu'il a dit doit retarder du moins
L'heureux hymen, objet de tant de soins.

LISE.

Qu'a-t-il donc dit, monsieur ?

FIERENFAT.

Quelle nouvelle
A-t-il appris ?

EUPHÉMON.

Une, hélas ! trop cruelle.
Devers Bordeaux cet homme a vu mon fils,
Dans les prisons, sans secours, sans habits,
Mourant de faim ; la honte et la tristesse
Vers le tombeau conduisaient sa jeunesse ;
La maladie et l'excès du malheur
De son printemps avaient séché la fleur ;

Et dans son sang la fièvre enracinée
Précipitait sa dernière journée.
Quand il le vit, il était expirant :
Sans doute, hélas ! il est mort à présent.

RONDON.

Voilà, ma foi, sa pension payée.

LISE.

Il serait mort !

RONDON.

N'en sois point effrayée,
Va, que t'importe ?

FIERENFAT.

Ah ! monsieur, la pâleur
De son visage efface la couleur.

RONDON.

Elle est, ma foi, sensible : ah ! la friponne !
Puisqu'il est mort, allons, je te pardonne.

FIERENFAT.

Mais après tout, mon père, voulez-vous.... ?

EUPHÉMON.

Ne craignez rien, vous serez son époux :
C'est mon bonheur. Mais il serait atroce
Qu'un jour de deuil devînt un jour de noce.
Puis-je, mon fils, mêler à ce festin
Le contre-temps de mon juste chagrin,
Et sur vos fronts parés de fleurs nouvelles
Laisser couler mes larmes paternelles ?
Donnez, mon fils, ce jour à nos soupirs,
Et différez l'heure de vos plaisirs :
Par une joie indiscrète, insensée,
L'honnêteté serait trop offensée.

LISE.

Ah ! oui, monsieur, j'approuve vos douleurs ;
Il m'est plus doux de partager vos pleurs
Que de former les nœuds du mariage.

FIERENFAT.

Eh ! mais, mon père....

RONDON.

Eh ! vous n'êtes pas sage
Quoi ! différer un hymen projeté,
Pour un ingrat cent fois déshérité,
Maudit de vous, de sa famille entière !

EUPHÉMON.

Dans ces moments un père est toujours père :
Ses attentats et toutes ses erreurs
Furent toujours le sujet de mes pleurs,
Et ce qui pèse à mon ame attendrie,
C'est qu'il est mort sans réparer sa vie.

RONDON.

Réparons-la ; donnons-nous aujourd'hui
Des petit-fils qui valent mieux que lui ;
Signons, dansons, allons. Que de faiblesse !

EUPHÉMON.

Mais....

RONDON.

Mais, morbleu ! ce procédé me blesse :
De regretter même le plus grand bien,
C'est fort mal fait : douleur n'est bonne à rien ;
Mais regretter le fardeau qu'on vous ôte,
C'est une énorme et ridicule faute.
Ce fils aîné, ce fils, votre fléau,
Vous mit trois fois sur le bord du tombeau.

Pauvre cher homme ! allez, sa frénésie
Eût tôt ou tard abrégé votre vie.
Soyez tranquille, et suivez mes avis ;
C'est un grand gain que de perdre un tel fils.

EUPHÉMON.

Oui, mais ce gain coûte plus qu'on ne pense ;
Je pleure, hélas ! sa mort et sa naissance.

RONDON, *à Fierenfat.*

Va : suis ton père, et sois expéditif ;
Prends ce contrat ; le mort saisit le vif.
Il n'est plus temps qu'avec moi l'on barguigne.
Prends-lui la main, qu'il parafe et qu'il signe.
(à Lise.)
Et toi, ma fille, attendons à ce soir :
Tout ira bien.

LISE.

Je suis au désespoir.

FIN DU SECOND ACTE.

ACTE TROISIÈME.

SCÈNE I.

EUPHÉMON FILS, JASMIN.

JASMIN.

Oui, mon ami, tu fus jadis mon maître;
Je t'ai servi deux ans sans te connaître;
Ainsi que moi, réduit à l'hôpital,
Ta pauvreté m'a rendu ton égal.
Non, tu n'es plus ce monsieur d'Entremonde,
Ce chevalier si pimpant dans le monde,
Fêté, couru, de femmes entouré,
Nonchalamment de plaisirs enivré:
Tout est au diable. Éteins dans ta mémoire
Ces vains regrets des beaux jours de ta gloire:
Sur du fumier l'orgueil est un abus;
Le souvenir d'un bonheur qui n'est plus
Est à nos maux un poids insupportable.
Toujours Jasmin, j'en suis moins misérable:
Né pour souffrir, je sais souffrir gaiement;
Manquer de tout, voilà mon élément:
Ton vieux chapeau, tes guenilles de bure,
Dont tu rougis, c'était là ma parure.
Tu dois avoir, ma foi! bien du chagrin
De n'avoir pas été toujours Jasmin.

EUPHÉMON FILS.

Que la misère entraîne d'infamie!
Faut-il encor qu'un valet m'humilie?

Quelle accablante et terrible leçon !
Je sens encor, je sens qu'il a raison.
Il me console au moins à sa manière ;
Il m'accompagne ; et son ame grossière,
Sensible et tendre en sa rusticité,
N'a point pour moi perdu l'humanité ;
Né mon égal (puisque enfin il est homme)
Il me soutient sous le poids qui m'assomme,
Il suit gaiement mon sort infortuné ;
Et mes amis m'ont tous abandonné.

JASMIN.

Toi, des amis ! hélas ! mon pauvre maître,
Apprends-moi donc, de grâce, à les connaître ;
Comment sont faits les gens qu'on nomme amis ?

EUPHÉMON FILS.

Tu les as vus chez moi toujours admis,
M'importunant souvent de leurs visites,
A mes soupers délicats parasites,
Vantant mes goûts d'un esprit complaisant,
Et sur le tout empruntant mon argent ;
De leur bon cœur m'étourdissant la tête,
Et me louant moi présent.

JASMIN.

Pauvre bête !
Pauvre innocent ! tu ne les voyais pas
Te chansonner au sortir d'un repas,
Siffler, berner ta bénigne imprudence ?

EUPHÉMON FILS.

Ah ! je le crois ; car, dans ma décadence,
Lorqu'à Bordeaux je me vis arrêté,
Aucun de ceux à qui j'ai tout prêté

Ne me vint voir ; nul ne m'offrit sa bourse ;
Puis au sortir, malade et sans ressource,
Lorsqu'à l'un d'eux, que j'avais tant aimé,
J'allais m'offrir mourant, inanimé,
Sous ces haillons, dépouilles délabrées,
De l'indigence exécrables livrées ;
Quand je lui vins demander un secours
D'où dépendaient mes misérables jours,
Il détourna son œil confus et traître,
Puis il feignit de ne me pas connaître,
Et me chassa comme un pauvre importun.

JASMIN.

Aucun n'osa te consoler ?

EUPHÉMON FILS.

Aucun.

JASMIN.

Ah, les amis ! les amis ! quels infâmes !

EUPHÉMON FILS.

Les hommes sont tous de fer.

JASMIN.

Et les femmes ?

EUPHÉMON FILS.

J'en attendais, hélas ! plus de douceur ;
J'en ai cent fois essuyé plus d'horreur.
Celle surtout qui, m'aimant sans mystère,
Semblait placer son orgueil à me plaire,
Dans son logis meublé de mes présents,
De mes bienfaits achetait des amants,
Et de mon vin régalait leur cohue,
Lorsque de faim j'expirais dans sa rue.
Enfin, Jasmin, sans ce pauvre vieillard
Qui dans Bordeaux me trouva par hasard,

Qui m'avait vu, dit-il, dans mon enfance,
Une mort prompte eût fini ma souffrance.
Mais en quel lieu sommes-nous, cher Jasmin ?

JASMIN.

Près de Cognac, si je sais mon chemin ;
Et l'on m'a dit que mon vieux premier maître,
Monsieur Rondon, loge en ces lieux peut-être.

EUPHÉMON FILS.

Rondon, le père de.... Quel nom dis-tu ?

JASMIN.

Le nom d'un homme assez brusque et bourru
Je fus jadis page dans sa cuisine ;
Mais, dominé d'une humeur libertine,
Je voyageai : je fus depuis coureur,
Laquais, commis, fantassin, déserteur ;
Puis dans Bordeaux je te pris pour mon maître.
De moi Rondon se souviendra peut-être ;
Et nous pourrions dans notre adversité....

EUPHÉMON FILS.

Et depuis quand, dis-moi, l'as-tu quitté ?

JASMIN.

Depuis quinze ans. C'était un caractère,
Moitié plaisant, moitié triste et colère,
Au fond bon diable : il avait un enfant,
Un vrai bijou, fille unique vraiment,
OEil bleu, nez court, teint frais, bouche vermeille,
Et des raisons ! c'était une merveille.
Cela pouvait bien avoir de mon temps,
A bien compter, entre six à sept ans ;
Et cette fleur, avec l'âge embellie,
Est en état, ma foi ! d'être cueillie.

EUPHÉMON FILS.

Ah, malheureux!

JASMIN.

Mais j'ai beau te parler;
Ce que je dis ne te peut consoler:
Je vois toujours à travers ta visière
Tomber des pleurs qui bordent ta paupière.

EUPHÉMON FILS.

Quel coup du sort, ou quel ordre des cieux
A pu guider ma misère en ces lieux?
Hélas!

JASMIN.

Ton œil contemple ces demeures;
Tu restes là tout pensif, et tu pleures.

EUPHÉMON FILS.

J'en ai sujet.

JASMIN.

Mais connais-tu Rondeu?
Serais-tu pas parent de la maison?

EUPHÉMON FILS.

Ah! laisse-moi.

JASMIN, *en l'embrassant.*

Par charité, mon maître,
Mon cher ami, dis-moi qui tu peux être.

EUPHÉMON FILS, *en pleurant.*

Je suis.... je suis un malheureux mortel,
Je suis un fou, je suis un criminel,
Qu'on doit haïr, que le ciel doit poursuivre,
Et qui devrait être mort.

JASMIN.

Songe à vivre;

Mourir de faim est par trop rigoureux :
Tiens, nous avons quatre mains à nous deux,
Servons-nous-en sans complainte importune.
Vois-tu d'ici ces gens dont la fortune
Est dans leurs bras, qui, la bêche à la main,
Le dos courbé, retournent ce jardin ?
Enrôlons-nous parmi cette canaille ;
Viens avec eux, imite-les, travaille,
Gagne ta vie.

EUPHÉMON FILS.

Hélas ! dans leurs travaux,
Ces vils humains, moins hommes qu'animaux,
Goûtent des biens dont toujours mes caprices
M'avaient privé dans mes fausses délices ;
Ils ont au moins, sans trouble, sans remords,
La paix de l'ame et la santé du corps

SCÈNE II

MADAME CROUPILLAC, EUPHEMON FILS, JASMIN.

MADAME CROUPILLAC, *dans l'enfoncement.*

Que vois-je ici ? serais-je aveugle ou borgne ?
C'est lui, ma foi ! plus j'avise et je lorgne
Cet homme-là, plus je dis que c'est lui.
(elle le considère.)
Mais ce n'est plus le même homme aujourd'hui,
Ce cavalier brillant dans Angoulême,
Jouant gros jeu, cousu d'or.... c'est lui-même.
(elle s'approche d'Euphémon.)
Mais l'autre était riche, heureux, beau, bien fait,
Et celui-ci me semble pauvre et laid.

La maladie altère un beau visage;
La pauvreté change encor davantage.

JASMIN.

Mais pourquoi donc ce spectre féminin
Nous poursuit-il de son regard malin?

EUPHÉMON FILS.

Je la connais, hélas! ou je me trompe;
Elle m'a vu dans l'éclat, dans la pompe.
Il est affreux d'être ainsi dépouillé
Aux mêmes yeux auxquels on a brillé.
Sortons.

MADAME CROUPILLAC, *s'avançant vers Euphémon fils.*

Mon fils, quelle étrange aventure
T'a donc réduit en si piètre posture?

EUPHÉMON FILS.

Ma faute.

MADAME CROUPILLAC.

Hélas! comme te voilà mis!

JASMIN.

C'est pour avoir eu d'excellents amis,
C'est pour avoir été volé, madame.

MADAME CROUPILLAC.

Volé! par qui? comment?

JASMIN.

Par bonté d'ame.
Nos voleurs sont de très honnêtes gens,
Gens du beau monde, aimables fainéants,
Buveurs, joueurs et conteurs agréables,
Des gens d'esprit, des femmes adorables.

MADAME CROUPILLAC.

J'entends, j'entends, vous avez tout mangé:
Mais vous serez cent fois plus affligé

Quand vous saurez les excessives pertes
Qu'en fait d'hymen j'ai depuis peu souffertes.

EUPHÉMON FILS.

Adieu, madame.

MADAME CROUPILLAC, *l'arrêtant.*

Adieu! non, tu sauras
Mon accident; parbleu! tu me plaindras.

EUPHÉMON FILS.

Soit, je vous plains: adieu.

MADAME CROUPILLAC.

Non; je te jure
Que tu sauras toute mon aventure.
Un Fierenfat, robin de son métier,
Vint avec moi connaissance lier,

(elle court après lui.)

Dans Angoulême, au temps où vous battîtes
Quatre huissiers, et la fuite vous prîtes.
Ce Fierenfat habite en ce canton
Avec son père, un seigneur Euphémon.

EUPHÉMON FILS, *revenant.*

Euphémon?

MADAME CROUPILLAC.

Oui.

EUPHÉMON FILS.

Ciel! madame, de grâce,
Cet Euphémon, cet honneur de sa race,
Que ses vertus ont rendu si fameux,
Serait....

MADAME CROUPILLAC.

Eh oui.

EUPHÉMON FILS.

Quoi! dans ces mêmes lieux?

MADAME CROUPILLAC.

Oui.

EUPHÉMON FILS.

Puis-je au moins savoir.... comme il se porte ?

MADAME CROUPILLAC.

Fort bien, je crois.... Que diable vous importe ?

EUPHÉMON FILS.

Et que dit-on... ?

MADAME CROUPILLAC.

De qui ?

EUPHÉMON, FILS.

D'un fils aîné
Qu'il eût jadis.

MADAME CROUPILLAC.

Ah ! c'est un fils mal né,
Un garnement, une tête légère,
Un fou fieffé, le fléau de son père,
Depuis long-temps de débauches perdu,
Et qui peut-être est à présent pendu.

EUPHÉMON FILS.

En vérité.... je suis confus dans l'ame
De vous avoir interrompu, madame.

MADAME CROUPILLAC.

Poursuivons donc. Fierenfat, son cadet
Chez moi l'amour hautement me faisait
Il me devait avoir par mariage.

EUPHÉMON FILS.

Eh bien ! a-t-il ce bonheur en partage ?
Est-il à vous ?

MADAME CROUPILLAC.

Non ; ce fat engraissé
De tout le lot de son frère insensé,

Devenu riche et voulant l'être encore,
Rompt aujourd'hui cet hymen qui l'honore.
Il veut saisir la fille d'un Rondon,
D'un plat bourgeois, le coq de ce canton.

EUPHÉMON FILS.

Que dites-vous? Quoi! madame, il l'épouse?

MADAME CROUPILLAC.

Vous m'en voyez terriblement jalouse.

EUPHÉMON FILS.

Ce jeune objet aimable.... dont Jasmin
M'a tantôt fait un portrait si divin,
Se donnerait....

JASMIN.

Quelle rage est la vôtre!
Autant lui vaut ce mari-là qu'un autre.
Quel diable d'homme! il s'afflige de tout.

EUPHÉMON FILS, *à part.*

Ce coup a mis ma patience à bout.

(à Madame Croupillac.)

Ne doutez point que mon cœur ne partage
Amèrement un si sensible outrage :
Si j'étais cru, cette Lise aujourd'hui
Assurément ne serait pas pour lui.

MADAME CROUPILLAC.

Oh! tu le prends du ton qu'il le faut prendre :
Tu plains mon sort, un gueux est toujours tendre ;
Tu paraissais bien moins compatissant
Quand tu roulais sur l'or et sur l'argent.
Ecoute : on peut s'entr'aider dans la vie.

JASMIN.

Aidez-nous donc, madame, je vous prie.

MADAME CROUPILLAC.

Je veux ici te faire agir pour moi.

EUPHÉMON FILS.

Moi, vous servir! hélas! madame, en quoi?

MADAME CROUPILLAC.

En tout. Il faut prendre en main mon injure:
Un autre habit, quelque peu de parure,
Te pourraient rendre encore assez joli:
Ton esprit est insinuant, poli;
Tu connais l'art d'empaumer une fille.
Introduis-toi, mon cher, dans la famille;
Fais le flatteur auprès de Fierenfat;
Vante son bien, son esprit, son rabat,
Sois en faveur; et lorsque je proteste
Contre son vol, toi, mon cher, fais le reste:
Je veux gagner du temps en protestant.

EUPHÉMON, *voyant son père.*

Que vois-je! ô ciel!

(il s'enfuit.)

MADAME CROUPILLAC.

Cet homme est fou vraiment:
Pourquoi s'enfuir?

JASMIN.

C'est qu'il vous craint, sans doute.

MADAME CROUPILLAC.

Poltron, demeure, arrête, écoute, écoute.

SCÈNE III.

EUPHÉMON PÈRE, JASMIN.

EUPHÉMON.

Je l'avouerai, cet aspect imprévu
D'un malheureux avec peine entrevu,
Porte à mon cœur je ne sais quelle atteinte
Qui me remplit d'amertume et de crainte :
Il a l'air noble, et même certains traits
Qui m'ont touché ; las ! je ne vois jamais
De malheureux à peu près de cet âge
Que de mon fils la douloureuse image
Ne vienne alors, par un retour cruel,
Persécuter ce cœur trop paternel.
Mon fils est mort, ou vit dans la misère,
Dans la débauche, et fait honte à son père.
De tous côtés je suis bien malheureux !
J'ai deux enfants, ils m'accablent tous deux :
L'un, par sa perte et par sa vie infâme,
Fait mon supplice, et déchire mon ame ;
L'autre en abuse ; il sent trop que sur lui
De mes vieux ans j'ai fondé tout l'appui.
Pour moi la vie est un poids qui m'accable.
(apercevant Jasmin qui le salue.)
Que me veux-tu, l'ami ?

JASMIN.

Seigneur aimable,
Reconnaissez, digne et noble Euphémon,
Certain Jasmin élevé chez Rondon.

EUPHÉMON.

Ah, ah ! c'est toi ? Le temps change un visage ;
Et mon front chauve en sent le long outrage.

Quand tu partis, tu me vis encor frais;
Mais l'âge avance, et le terme est bien près.
Tu reviens donc enfin dans ta patrie?

JASMIN.

Oui; je suis las de tourmenter ma vie,
De vivre errant et damné comme un juif :
Le bonheur semble un être fugitif :
Le diable enfin, qui toujours me promène,
Me fit partir; le diable me ramène.

EUPHÉMON.

Je t'aiderai : sois sage, si tu peux.
Mais quel était cet autre malheureux
Qui te parlait dans cette promenade,
Qui s'est enfui?

JASMIN.

Mais.... c'est mon camarade,
Un pauvre hère, affamé comme moi,
Qui, n'ayant rien, cherche aussi de l'emploi.

EUPHÉMON.

On peut tous deux vous occuper peut-être.
A-t-il des mœurs? est-il sage?

JASMIN.

Il doit l'être.
Je lui connais d'assez bons sentiments;
Il a de plus de fort jolis talents;
Il sait écrire, il sait l'arithmétique,
Dessine un peu, sait un peu de musique :
Ce drôle-là fut très bien élevé.

EUPHÉMON.

S'il est ainsi, son poste est tout trouvé;
Jasmin, mon fils deviendra votre maître;
Il se marie, et dès ce soir, peut-être;

Avec son bien, son train doit augmenter.
Un de ses gens qui vient de le quitter
Vous laisse encore une place vacante :
Tous deux ce soir il faut qu'on vous présente ;
Vous le verrez chez Rondon mon voisin ;
J'en parlerai. J'y vais : adieu, Jasmin :
En attendant, tiens, voici de quoi boire.

SCÈNE IV.

JASMIN.

Ah ! l'honnête homme ! ô ciel ! pourrait-on croire
Qu'il soit encore, en ce siècle félon,
Un cœur si droit, un mortel aussi bon ?
Cet air, ce port, cette ame bienfaisante,
Du bon vieux temps est l'image parlante.

SCÈNE V.

EUPHÉMON FILS, *revenant*, JASMIN.

JASMIN, *en l'embrassant.*

Je t'ai trouvé déja condition,
Et nous serons laquais chez Euphémon.

EUPHÉMON FILS.

Ah !

JASMIN.

S'il te plaît, quel excès de surprise ?
Pourquoi ces yeux de gens qu'on exorcise,
Et ces sanglots coup sur coup redoublés,
Pressant tes mots au passage étranglés ?

EUPHÉMON FILS.

Ah ! je ne puis contenir ma tendresse ;
Je cède au trouble, au remords qui me presse,

JASMIN.

Qu'a-t-elle dit qui t'ait tant agité?

EUPHÉMON FILS.

Elle m'a dit.... Je n'ai rien écouté.

JASMIN.

Qu'avez-vous donc?

EUPHÉMON FILS.

Mon cœur ne peut se taire :
Cet Euphémon...

JASMIN.

Eh bien?

EUPHÉMON FILS.

Ah!.... c'est mon père.

JASMIN.

Qui? lui, monsieur!

EUPHÉMON FILS.

Oui, je suis cet aîné,
Ce criminel, et cet infortuné,
Qui désola sa famille éperdue.
Ah! que mon cœur palpitait à sa vue!
Qu'il lui portait ses vœux humiliés!
Que j'étais près de tomber à ses pieds!

JASMIN.

Qui, vous, son fils? Ah! pardonnez, de grâce,
Ma familière et ridicule audace;
Pardon, monsieur.

EUPHÉMON FILS.

Va, mon cœur oppressé
Peut-il savoir si tu m'as offensé?

JASMIN.

Vous êtes fils d'un homme qu'on admire,
D'un homme unique; et, s'il faut tout vous dire,

D'Euphémon fils la réputation
Ne flaire pas à beaucoup près si bon.

EUPHÉMON FILS.

Et c'est aussi ce qui me désespère.
Mais réponds-moi ; que te disait mon père ?

JASMIN.

Moi, je disais que nous étions tous deux
Prêts à servir, bien élevés, très gueux ;
Et lui, plaignant nos destins sympathiques,
Nous recevait tous deux pour domestiques.
Il doit ce soir vous placer chez ce fils,
Ce président à Lise tant promis,
Ce président votre fortuné frère
De qui Rondon doit être le beau-père.

EUPHÉMON FILS.

Eh bien ! il faut développer mon cœur.
Vois tous mes maux, connais leur profondeur :
S'être attiré, par un tissu de crimes,
D'un père aimé les fureurs légitimes,
Être maudit, être déshérité,
Sentir l'horreur de la mendicité,
A mon cadet voir passer ma fortune,
Être exposé, dans ma honte importune,
A le servir, quand il m'a tout ôté ;
Voilà mon sort : je l'ai bien mérité.
Mais croiras-tu qu'au sein de la souffrance,
Mort aux plaisirs, et mort à l'espérance,
Haï du monde, et méprisé de tous,
N'attendant rien, j'ose être encor jaloux ?

JASMIN.

Jaloux ! de qui ?

EUPHÉMON FILS.

De mon frère, de Lise.

JASMIN.

Vous sentiriez un peu de convoitise
Pour votre sœur? mais vraiment c'est un trait
Digne de vous; ce péché vous manquait.

EUPHÉMON FILS.

Tu ne sais pas qu'au sortir de l'enfance
(Car chez Rondon tu n'étais plus, je pense),
Par nos parents l'un à l'autre promis,
Nos cœurs étaient à leurs ordres soumis;
Tout nous liait, la conformité d'âge,
Celle des goûts, les jeux, le voisinage;
Plantés exprès, deux jeunes arbrisseaux
Croissent ainsi pour unir leurs rameaux.
Le temps, l'amour qui hâtait sa jeunesse,
La fit plus belle, augmenta sa tendresse:
Tout l'univers alors m'eût envié;
Mais jeune, aveugle, à des méchants lié,
Qui de mon cœur corrompaient l'innocence,
Ivre de tout dans mon extravagance,
Je me faisais un lâche point d'honneur
De mépriser, d'insulter son ardeur.
Le croirais-tu? je l'accablai d'outrages.
Quels temps, hélas! les violents orages
Des passions qui troublaient mon destin
A mes parents m'arrachèrent enfin.
Tu sais depuis quel fut mon sort funeste:
J'ai tout perdu; mon amour seul me reste:
Le ciel, ce ciel qui doit nous désunir,
Me laisse un cœur, et c'est pour me punir.

JASMIN.

S'il est ainsi, si dans votre misère
Vous la raimez, n'ayant pas mieux à faire,
De Croupillac le conseil était bon,
De vous fourrer, s'il se peut, chez Rondon.
Le sort maudit épuisa votre bourse;
L'amour pourrait vous servir de ressource.

EUPHÉMON FILS.

Moi, l'oser voir! moi, m'offrir à ses yeux,
Après mon crime, en cet état hideux!
Il me faut fuir un père, une maîtresse:
J'ai de tous deux outragé la tendresse;
Et je ne sais, ô regrets superflus!
Lequel des deux doit me haïr le plus.

SCÈNE VI

EUPHÉMON FILS, FIERENFAT, JASMIN.

JASMIN.

VOILÀ, je crois, ce président si sage.

EUPHÉMON FILS.

Lui? je n'avais jamais vu son visage.
Quoi! c'est donc lui, mon frère, mon rival?

FIERENFAT.

En vérité, cela ne va pas mal;
J'ai tant pressé, tant sermonné mon père,
Que malgré lui nous finissons l'affaire.
(en voyant Jasmin.)
Où sont ces gens qui voulaient me servir?

JASMIN.

C'est nous, monsieur; nous venions nous offrir
Très humblement.

FIERENFAT.

Qui de vous deux sait lire ?

JASMIN.

C'est lui, monsieur.

FIERENFAT.

Il sait sans doute écrire ?

JASMIN.

Oh ! oui, monsieur, déchiffrer, calculer.

FIERENFAT.

Mais il devrait savoir aussi parler ?

JASMIN.

Il est timide, et sort de maladie.

FIERENFAT.

Il a pourtant la mine assez hardie ;
Il me paraît qu'il sent assez son bien.
Combien veux-tu gagner de gages ?

EUPHÉMON FILS.

Rien.

JASMIN.

Oh ! nous avons, monsieur, l'ame héroïque.

FIERENFAT.

A ce prix-là, viens, sois mon domestique ;
C'est un marché que je veux accepter ;
Viens, à ma femme il faut te présenter.

EUPHÉMON FILS

A votre femme ?

FIERENFAT.

Oui, oui, je me marie.

EUPHÉMON FILS.

Quand ?

FIERENFAT.

Dès ce soir.

EUPHÉMON FILS.

Ciel !.... monsieur, je vous prie,
De cet objet vous êtes donc charmé ?

FIERENFAT.

Oui.

EUPHÉMON FILS.

Monsieur !

FIERENFAT.

Hem !

EUPHÉMON FILS.

En seriez-vous aimé ?

FIERENFAT.

Oui. Vous semblez bien curieux, mon drôle !

EUPHÉMON FILS.

Que je voudrais lui couper la parole,
Et le punir de son trop de bonheur !

FIERENFAT.

Qu'est-ce qu'il dit ?

JASMIN.

Il dit que de grand cœur
Il voudrait bien vous ressembler et plaire.

FIERENFAT.

Eh ! je le crois : mon homme est téméraire.
Çà, qu'on me suive, et qu'on soit diligent,
Sobre, frugal, soigneux, adroit, prudent,
Respectueux ; allons, la Fleur, la Brie,
Venez, faquins.

EUPHÉMON FILS.

Il me prend une envie ;
C'est d'affubler sa face de palais,
A poing fermé, de deux larges soufflets.

JASMIN.

Vous n'êtes pas trop corrigé, mon maître!

EUPHÉMON FILS.

Ah! soyons sage : il est bien temps de l'être.
Le fruit au moins que je dois recueillir
De tant d'erreurs est de savoir souffrir.

FIN DU TROISIÈME ACTE.

ACTE QUATRIÈME.

SCÈNE I.

MADAME CROUPILLAC, EUPHÉMON *fils*, JASMIN.

MADAME CROUPILLAC.

J'ai, mon très cher, par prévoyance extrême,
Fait arriver deux huissiers d'Angoulême,
Et toi, t'es-tu servi de ton esprit?
As-tu bien fait tout ce que je t'ai dit?
Pourras-tu bien d'un air de prud'hommie
Dans la maison semer la zizanie?
As-tu flatté le bon-homme Euphémon?
Parle : as-tu vu la future?

EUPHÉMON FILS.

Hélas! non.

MADAME CROUPILLAC.

Comment?

EUPHÉMON FILS.

Croyez que je me meurs d'envie
D'être à ses pieds.

MADAME CROUPILLAC.

Allons donc, je t'en prie,
Attaque-la pour me plaire, et rends-moi
Ce traître ingrat qui séduisit ma foi.
Je vais pour toi procéder en justice,
Et tu feras l'amour pour mon service.

Reprends cet air imposant et vainqueur,
Si sûr de soi, si puissant sur un cœur,
Qui triomphait sitôt de la sagesse.
Pour être heureux, reprends ta hardiesse.

EUPHÉMON FILS.

Je l'ai perdue.

MADAME CROUPILLAC.

Eh! quoi! quel embarras!

EUPHÉMON FILS.

J'etais hardi, lorsque je n'aimais pas.

JASMIN.

D'autres raisons l'intimident peut-être;
Ce Fierenfat est ma foi notre maître;
Pour ses valets il nous retient tous deux.

MADAME CROUPILLAC.

C'est fort bien fait, vous êtes trop heureux;
De sa maîtresse être le domestique
Est un bonheur, un destin presque unique:
Profitez-en.

JASMIN.

Je vois certains attraits
S'acheminer pour prendre ici le frais;
De chez Rondon, me semble, elle est sortie.

MADAME CROUPILLAC.

Eh! sois donc vîte amoureux, je t'en prie:
Voici le temps; ose un peu lui parler.
Quoi! je te vois soupirer et trembler!
Tu l'aimes donc? ah! mon cher, ah! de grâce!

EUPHÉMON FILS.

Si vous saviez, hélas! ce qui se passe
Dans mon esprit interdit et confus,
Ce tremblement ne vous surprendrait plus.

JASMIN, *en voyant Lise.*

L'aimable enfant! comme elle est embellie!

EUPHÉMON FILS.

C'est elle; ô dieux! je meurs de jalousie,
De désespoir, de remords, et d'amour.

MADAME CROUPILLAC.

Adieu : je vais te servir à mon tour.

EUPHÉMON FILS.

Si vous pouvez, faites que l'on diffère
Ce triste hymen.

MADAME CROUPILLAC.

C'est ce que je vais faire.

EUPHÉMON FILS.

Je tremble, hélas!

JASMIN.

Il faut tâcher du moins
Que vous puissiez lui parler sans témoins
Retirons-nous.

EUPHÉMON FILS.

Oh! je te suis : j'ignore
Ce que j'ai fait, ce qu'il faut faire encore;
Je n'oserai jamais m'y présenter.

SCÈNE II.

LISE, MARTHE, JASMIN, *dans l'enfoncement*, et EUPHÉMON FILS, *plus reculé.*

LISE.

J'AI beau me fuir, me chercher, m'éviter,
Rentrer, sortir, goûter la solitude,
Et de mon cœur faire en secret l'étude

Plus j'y regarde, hélas! et plus je voi
Que le bonheur n'était pas fait pour moi.
Si quelque chose un moment me console,
C'est Croupillac, c'est cette vieille folle,
A mon hymen mettant empêchement.
Mais ce qui vient redoubler mon tourment,
C'est qu'en effet Fierenfat et mon père
En sont plus vifs à presser ma misère :
Ils ont gagné le bon homme Euphémon.

MARTHE.

En vérité, ce vieillard est trop bon;
Ce Fierenfat est par trop tyrannique,
Il le gouverne.

LISE.

Il aime un fils unique;
Je lui pardonne; accablé du premier,
Au moins sur l'autre il cherche à s'appuyer.

MARTHE.

Mais après tout, malgré ce qu'on publie,
Il n'est pas sûr que l'autre soit sans vie.

LISE.

Hélas! il faut (quel funeste tourment!)
Le pleurer mort, ou le haïr vivant.

MARTHE.

De son danger cependant la nouvelle
Dans votre cœur mettait quelque étincelle.

LISE.

Ah! sans l'aimer, on peut plaindre son sort.

MARTHE.

Mais n'être plus aimé, c'est être mort.
Vous allez donc être enfin à son frère?

LISE.

Ma chère enfant, ce mot me désespère.
Pour Fierenfat tu connais ma froideur;
L'aversion s'est changée en horreur:
C'est un breuvage affreux, plein d'amertume,
Que dans l'excès du mal qui me consume,
Je me résous de prendre malgré moi,
Et que ma main rejette avec effroi.

JASMIN, *tirant Marthe par la robe.*

Puis-je en secret, ô gentille merveille!
Vous dire ici quatre mots à l'oreille?

MARTHE, *à Jasmin.*

Très volontiers.

LISE, *à part.*

O sort! pourquoi faut-il
Que de mes jours tu respectes le fil,
Lorsqu'un ingrat, un amant si coupable,
Rendit ma vie, hélas! si misérable?

MARTHE, *venant à Lise.*

C'est un des gens de votre président;
Il est à lui, dit-il, nouvellement;
Il voudrait bien vous parler.

LISE.

Qu'il attende.

MARTHE, *à Jasmin.*

Mon cher ami, madame vous commande
D'attendre un peu.

LISE.

Quoi! toujours m'excéder!
Et même absent en tous lieux m'obséder!
De mon hymen que je suis déja lasse!

JASMIN, *à Marthe.*

Ma belle enfant, obtiens-nous cette grâce.

MARTHE, *revenant.*

Absolument il prétend vous parler.

LISE.

Ah! je vois bien qu'il faut nous en aller.

MARTHE.

Ce quelqu'un-là veut vous voir tout à l'heure;
Il faut, dit-il, qu'il vous parle ou qu'il meure.

LISE.

Rentrons donc vite, et courons me cacher.

SCÈNE III.

LISE, MARTHE, EUPHEMON FILS, *s'appuyant sur* JASMIN.

EUPHÉMON FILS.

La voix me manque, et je ne puis marcher;
Mes faibles yeux sont couverts d'un nuage.

JASMIN.

Donnez la main; venons sur son passage.

EUPHÉMON FILS.

Un froid mortel a passé dans mon cœur.
(*à Lise.*)
Souffrirez-vous?...

LISE, *sans le regarder.*

Que voulez-vous, monsieur?

EUPHÉMON FILS, *se jetant à genoux.*

Ce que je veux? la mort, que je mérite.

LISE.

Que vois-je? ô ciel!

MARTHE.

Quelle étrange visite!
C'est Euphemon! grand Dieu! qu'il est changé!

EUPHÉMON FILS.

Oui, je le suis, votre cœur est vengé;
Oui, vous devez en tout me méconnaître:
Je ne suis plus ce furieux, ce traître,
Si détesté, si craint dans ce séjour,
Qui fit rougir la nature et l'amour.
Jeune, égaré, j'avais tous les caprices;
De mes amis j'avais pris tous les vices;
Et le plus grand, qui ne peut s'effacer,
Le plus affreux, fut de vous offenser.
J'ai reconnu, j'en jure par vous-même,
Par la vertu que j'ai fui, mais que j'aime,
J'ai reconnu ma détestable erreur;
Le vice était étranger dans mon cœur:
Ce cœur n'a plus les taches criminelles
Dont il couvrit ses clartés naturelles;
Mon feu pour vous, ce feu saint et sacré,
Y reste seul; il a tout épuré.
C'est cet amour, c'est lui qui me ramène,
Non pour briser votre nouvelle chaîne,
Non pour oser traverser vos destins;
Un malheureux n'a pas de tels desseins:
Mais quand les maux où mon esprit succombe
Dans mes beaux jours avaient creusé ma tombe,
A peine encore échappé du trépas,
Je suis venu; l'amour guidait mes pas.
Oui, je vous cherche à mon heure dernière,
Heureux cent fois en quittant la lumière,
Si, destiné pour être votre époux,
Je meurs au moins sans être haï de vous!

LISE.

Je suis à peine en mon sens revenue.
C'est vous, ô ciel ! vous, qui cherchez ma vue !
Dans quel état ! quel jour !... Ah, malheureux !
Que vous avez fait de tort à tous deux !

EUPHÉMON FILS.

Oui, je le sais : mes excès, que j'abhorre,
En vous voyant semblent plus grands encore ;
Ils sont affreux, et vous les connaissez :
J'en suis puni, mais point encore assez.

LISE.

Est-il bien vrai, malheureux que vous êtes,
Qu'enfin domtant vos fougues indiscrètes,
Dans votre cœur, en effet combattu,
Tant d'infortune ait produit la vertu ?

EUPHÉMON FILS.

Qu'importe, hélas ! que la vertu m'éclaire ?
Ah ! j'ai trop tard aperçu sa lumière !
Trop vainement mon cœur en est épris ;
De la vertu je perds en vous le prix.

LISE.

Mais répondez, Euphémon, puis-je croire
Que vous avez gagné cette victoire ?
Consultez-vous, ne trompez point mes vœux ;
Seriez-vous bien et sage et vertueux ?

EUPHÉMON FILS.

Oui, je le suis, car mon cœur vous adore.

LISE.

Vous, Euphémon ! vous m'aimeriez encore ?

EUPHÉMON FILS.

Si je vous aime ? hélas ! je n'ai vécu
Que par l'amour, qui seul m'a soutenu.

J'ai tout souffert, tout jusqu'à l'infamie;
Ma main cent fois allait trancher ma vie;
Je respectai les maux qui m'accablaient;
J'aimai mes jours, ils vous appartenaient.
Oui, je vous dois mes sentiments, mon être,
Ces jours nouveaux qui me luiront peut-être;
De ma raison je vous dois le retour,
Si j'en conserve avec autant d'amour.
Ne cachez point à mes yeux pleins de larmes
Ce front serein, brillant de nouveaux charmes:
Regardez-moi, tout changé que je suis;
Voyez l'effet de mes cruels ennuis.
De longs remords, une horrible tristesse,
Sur mon visage ont flétri la jeunesse.
Je fus peut-être autrefois moins affreux;
Mais voyez-moi, c'est tout ce que je veux.

LISE.

Si je vous vois constant et raisonnable,
C'en est assez, je vous vois trop aimable.

EUPHÉMON FILS.

Que dites-vous? juste ciel! vous pleurez?

LISE, *à Marthe.*

Ah! soutiens-moi, mes sens sont égarés.
Moi, je serais l'épouse de son frère!...
N'avez-vous point vu déja votre père?

EUPHÉMON FILS.

Mon front rougit; il ne s'est point montré
A ce vieillard que j'ai déshonoré:
Haï de lui, proscrit sans espérance,
J'ose l'aimer, mais je fuis sa présence.

LISE.

Eh! quel est donc votre projet enfin?

EUPHÉMON FILS.

Si de mes jours Dieu recule la fin,
Si votre sort vous attache à mon frère,
Je vais chercher le trépas à la guerre ;
Changeant de nom aussi bien que d'état,
Avec honneur je servirai soldat.
Peut-être un jour le bonheur de mes armes
Fera ma gloire, et m'obtiendra vos larmes.
Par ce métier l'honneur n'est point blessé ;
Rose et Fabert ont ainsi commencé.

LISE.

Ce désespoir est d'une ame bien haute,
Il est d'un cœur au-dessus de sa faute ;
Ces sentiments me touchent encor plus
Que vos pleurs même à mes pieds répandus.
Non, Euphémon, si de moi je dispose,
Si je peux fuir l'hymen qu'on me propose,
De votre sort si je puis prendre soin,
Pour le changer vous n'irez pas si loin.

EUPHÉMON FILS.

O ciel ! mes maux ont attendri votre ame !

LISE.

Ils me touchaient : votre remords m'enflamme.

EUPHÉMON FILS.

Quoi ! vos beaux yeux, si long-temps courroucés,
Avec amour sur les miens sont baissés !
Vous rallumez ces feux si légitimes,
Ces feux sacrés qu'avaient éteints mes crimes.
Ah ! si mon frère, aux trésors attaché,
Garde mon bien à mon père arraché,
S'il engloutit à jamais l'héritage
Dont la nature avait fait mon partage ;

Qu'il porte envie à ma félicité :
Je vous suis cher, il est déshérité.
Ah ! je mourrai de l'excès de ma joie !

MARTHE.

Ma foi, c'est lui qu'ici le diable envoie.

LISE.

Contraignez donc ces soupirs enflammés ;
Dissimulez.

EUPHÉMON FILS.

Pourquoi, si vous m'aimez ?

LISE.

Ah ! redoutez mes parents, votre père !
Nous ne pouvons cacher à votre frère
Que vous avez embrassé mes genoux ;
Laissez-le au moins ignorer que c'est vous.

MARTHE.

Je ris déja de sa grave colère.

SCÈNE IV

LISE, EUPHÉMON FILS, MARTHE, JASMIN, FIERENFAT, *dans le fond, pendant qu'Euphémon lui tourne le dos.*

FIERENFAT.

Ou quelque diable a troublé ma visière,
Ou, si mon œil est toujours clair et net,
Je suis.... j'ai vu.... je le suis.... j'ai mon fait.
(en avançant vers Euphémon.)
Ah ! c'est donc toi, traître, impudent, faussaire !

EUPHÉMON FILS, *en colère.*

Je....

JASMIN, *se mettant entre eux.*

C'est, monsieur, une importante affaire
Qui se traitait, et que vous dérangez;
Ce sont deux cœurs en peu de temps changés;
C'est du respect, de la reconnaissance,
De la vertu.... Je m'y perds, quand j'y pense.

FIERENFAT.

De la vertu? Quoi! lui baiser la main!
De la vertu? scélérat!

EUPHÉMON FILS.

Ah! Jasmin,
Que, si j'osais....

FIERENFAT.

Non, tout ceci m'assomme:
Si c'eût été du moins un gentilhomme!
Mais un valet, un gueux, contre lequel,
En intentant un procès criminel,
C'est de l'argent que je perdrai peut-être.

LISE, *à Euphémon.*

Contraignez-vous, si vous m'aimez.

FIERENFAT.

Ah! traître!
Je te ferai pendre ici, sur ma foi!
(à Marthe.)
Tu ris, coquine?

MARTHE.

Oui, monsieur.

FIERENFAT.

Et pourquoi?
De quoi ris-tu?

MARTHE.

Mais, monsieur, de la chose....

FIERENFAT.

Tu ne sais pas à quoi ceci t'expose,
Ma bonne amie, et ce qu'au nom du roi
On fait par fois aux filles comme toi.

MARTHE.

Pardonnez-moi, je le sais à merveilles.

FIERENFAT, *à Lise.*

Et vous semblez vous boucher les oreilles,
Vous, infidèle, avec votre air sucré,
Qui m'avez fait ce tour prématuré;
De votre cœur l'inconstance est précoce;
Un jour d'hymen! une heure avant la noce!
Voilà, ma foi! de votre probité!

LISE.

Calmez, monsieur, votre esprit irrité:
Il ne faut pas sur la simple apparence
Légèrement condamner l'innocence.

FIERENFAT.

Quelle innocence!

LISE.

Oui, quand vous connaîtrez
Mes sentiments, vous les estimerez.

FIERENFAT.

Plaisant chemin pour avoir de l'estime!

EUPHÉMON FILS.

Oh! c'en est trop.

LISE, *à Euphémon.*

Quel courroux vous anime?
Eh! réprimez....

EUPHÉMON FILS.

Non, je ne puis souffrir
Que d'un reproche il ose vous couvrir.

FIERENFAT.

Savez-vous bien que l'on perd son douaire,
Son bien, sa dot, quand....

EUPHÉMON FILS, *en colère, et mettant la main sur la garde de son épée.*

Savez-vous vous taire?

LISE.

Eh! modérez....

EUPHÉMON FILS.

Monsieur le président,
Prenez un air un peu moins imposant,
Moins fier, moins haut, moins juge; car madame
N'a pas l'honneur d'être encor votre femme;
Elle n'est point votre maîtresse aussi.
Eh! pourquoi donc gronder de tout ceci?
Vos droits sont nuls: il faut avoir su plaire
Pour obtenir le droit d'être en colère.
De tels appas n'étaient point faits pour vous,
Il vous sied mal d'oser être jaloux.
Madame est bonne, et fait grâce à mon zèle:
Imitez-la, soyez aussi bon qu'elle.

FIERENFAT, *en posture de se battre.*

Je n'y puis plus tenir. A moi, mes gens.

EUPHÉMON FILS.

Comment?

FIERENFAT.

Allez me chercher des sergents.

LISE, *à Euphémon fils.*

Retirez-vous.

FIERENFAT.

Je te ferai connaître
Ce que l'on doit de respect à son maître,
A mon état, à ma robe.

EUPHÉMON FILS.

Observez
Ce qu'à madame ici vous en devez ;
Et quant à moi, quoi qu'il puisse en paraître,
C'est vous, monsieur, qui m'en devez, peut-être.

FIERENFAT.

Moi.... moi ?

EUPHÉMON FILS.

Vous.... vous.

FIERENFAT.

Ce drôle est bien osé.
C'est quelque amant en valet déguisé.
Qui donc es-tu ? réponds-moi.

EUPHÉMON FILS.

Je l'ignore ;
Ma destinée est incertaine encore ;
Mon sort, mon rang, mon état, mon bonheur,
Mon être enfin, tout dépend de son cœur,
De ses regards, de sa bonté propice.

FIERENFAT.

Il dépendra bientôt de la justice,
Je t'en réponds ; va, va, je cours hâter
Tous mes recors, et vîte instrumenter.
Allez, perfide, et craignez ma colère ;
J'amenerai vos parents, votre père ;
Votre innocence en son jour paraîtra,
Et comme il faut on vous estimera.

SCÈNE V.

LISE, EUPHÉMON FILS, MARTHE.

LISE.

Eh; cachez-vous, de grâce, rentrons vite!
De tout ceci je crains pour nous la suite.
Si votre père apprenait que c'est vous,
Rien ne pourrait apaiser son courroux;
Il penserait qu'une fureur nouvelle
Pour l'insulter en ces lieux vous rappelle,
Que vous venez entre nos deux maisons
Porter le trouble et les divisions;
Et l'on pourrait, pour ce nouvel esclandre,
Vous enfermer, hélas! sans vous entendre.

MARTHE.

Laissez-moi donc le soin de le cacher.
Soyez en sûre, on aura beau chercher.

LISE.

Allez, croyez qu'il est très nécessaire
Que j'adoucisse en secret votre père.
De la nature il faut que le retour
Soit, s'il se peut, l'ouvrage de l'amour.
Cachez-vous bien....

(à Marthe.)

Prends soin qu'il ne paraisse
Eh! va donc vite.

SCÈNE VI.

RONDON, LISE.

RONDON.

Eh bien ! ma Lise, qu'est-ce ?
Je te cherchais et ton époux aussi.

LISE.

Il ne l'est pas, que je crois, Dieu merci !

RONDON.

Où vas-tu donc ?

LISE.

Monsieur, la bienséance
M'oblige encor d'éviter sa présence.

(elle sort.)

RONDON.

Ce président est donc bien dangereux !
Je voudrais être incognito près d'eux ;
Là..... voir un peu quelle plaisante mine
Font deux amants qu'à l'hymen on destine.

SCÈNE VII.

FIERENFAT, RONDON, SERGENTS.

FIERENFAT.

Ah ! les fripons ! ils sont fins et subtils.
Où les trouver ? où sont-ils ? où sont-ils ?
Où cachent-ils ma honte et leur fredaine ?

RONDON.

Ta gravité me semble hors d'haleine.
Que prétends-tu ? que cherches-tu ? qu'as-tu ?
Que t'a-t-on fait ?

FIERENFAT.

J'ai.... qu'on m'a fait cocu.

RONDON.

Cocu! tudieu! prends garde, arrête, observe.

FIERENFAT.

Oui, oui, ma femme. Allez, Dieu me préserve
De lui donner le nom que je lui dois!
Je suis cocu, malgré toutes les lois.

RONDON.

Mon gendre!

FIERENFAT.

Hélas! il est trop vrai, beau-père.

RONDON.

Eh quoi! la chose....

FIERENFAT.

Oh! la chose est fort claire.

RONDON.

Vous me poussez.....

FIERENFAT.

C'est moi qu'on pousse à bou'

RONDON.

Si je croyais....

FIERENFAT.

Vous pouvez croire tout.

RONDON.

Mais plus j'entends, moins je comprends mon gendre.

FIERENFAT.

Mon fait pourtant est facile à comprendre.

RONDON.

S'il était vrai, devant tous mes voisins
J'étranglerais ma Lise de mes mains,

FIERENFAT.

Étranglez donc, car la chose est prouvée.

RONDON.

Mais en effet ici je l'ai trouvée;
La voix éteinte et le regard baissé,
Elle avait l'air timide, embarrassé.
Mon gendre, allons, surprenons la pendarde;
Voyons le cas, car l'honneur me poignarde.
Tudieu; l'honneur! Oh, voyez-vous? Rondon,
En fait d'honneur, n'entend jamais raison.

FIN DU QUATRIÈME ACTE.

ACTE CINQUIÈME.

SCÈNE I.

LISE, MARTHE.

LISE.

Ah! je me sauve à peine entre tes bras.
Que de danger! quel horrible embarras!
Faut-il qu'une ame aussi tendre, aussi pure,
D'un tel soupçon souffre un moment l'injure!
Cher Euphémon, cher et funeste amant,
Es-tu donc né pour faire mon tourment?
A ton départ tu m'arrachas la vie,
Et ton retour m'expose à l'infamie.
(à Marthe.)
Prends garde au moins, car on cherche partout.

MARTHE.

J'ai mis, je crois, tous mes chercheurs à bout.
Nous braverons le greffe et l'écritoire;
Certains recoins, chez moi, dans mon armoire,
Pour mon usage en secret pratiqués,
Par ces furets ne sont point remarqués;
Là, votre amant se tapit, se dérobe
Aux yeux hagards des noirs pedants en robe:
Je les ai tous fait courir comme il faut,
Et de ces chiens la meute est en défaut.

SCÈNE II.

LISE, MARTHE, JASMIN.

LISE.

Eh bien! Jasmin, qu'a-t-on fait?

JASMIN.

Avec gloire,
J'ai soutenu mon interrogatoire;
Tel qu'un fripon blanchi dans le métier,
J'ai répondu sans jamais m'effrayer.
L'un vous traînait sa voix de pédagogue;
L'autre braillait d'un ton cas, d'un air rogue,
Tandis qu'un autre, avec un ton flûté,
Disait, mon fils, sachons la vérité:
Moi, toujours ferme, et toujours laconique,
Je rembarrais la troupe scholastique.

LISE.

On ne sait rien?

JASMIN.

Non, rien; mais dès demain
On saura tout, car tout se sait enfin.

LISE.

Ah! que du moins Fierenfat en colère
N'ait pas le temps de prévenir son père:
Je tremble encore, et tout accroît ma peur;
Je crains pour lui, je crains pour mon honneur.
Dans mon amour j'ai mis mes espérances;
Il m'aidera....

MARTHE.

Moi, je suis dans des transes

Que tout ceci ne soit cruel pour vous ;
Car nous avons deux pères contre nous,
Un président, les bégueules, les prudes.
Si vous saviez quels airs hautains et rudes,
Quel ton sévère, et quel sourcil froncé
De leur vertu le faste rehaussé
Prend contre vous ; avec quelle insolence
Leur âcreté poursuit votre innocence :
Leurs cris, leur zèle, et leur sainte fureur,
Vous feraient rire, ou vous feraient horreur.

JASMIN.

J'ai voyagé, j'ai vu du tintamarre :
Je n'ai jamais vu semblable bagarre :
Tout le logis est sens dessus dessous.
Ah ! que les gens sont sots, méchants, et fous !
On vous accuse, on augmente, on murmure ;
En cent façons on conte l'aventure.
Les violons sont déja renvoyés,
Tout interdits, sans boire, et point payés ;
Pour le festin six tables bien dressées
Dans ce tumulte ont été renversées.
Le peuple accourt, le laquais boit et rit,
Et Rondon jure, et Fierenfat écrit.

LISE.

Et d'Euphémon le père respectable,
Que fait-il donc dans ce trouble effroyable ?

MARTHE.

Madame, on voit sur son front éperdu
Cette douleur qui sied à la vertu ;
Il lève au ciel les yeux : il ne peut croire
Que vous ayez d'une tache si noire
Souillé l'honneur de vos jours innocents ;

Par des raisons il combat vos parents :
Enfin, surpris des preuves qu'on lui donne,
Il en gémit, et dit que sur personne
Il ne faudra s'assurer désormais,
Si cette tache a flétri vos attraits.

LISE.

Que ce vieillard m'inspire de tendresse !

MARTHE.

Voici Rondon, vieillard d'une autre espèce.
Fuyons, madame.

LISE.

Ah ! gardons-nous-en bien ;
Mon cœur est pur, il ne doit craindre rien.

JASMIN.

Moi, je crains donc.

SCÈNE III.

LISE, MARTHE, RONDON.

RONDON.

Matoise, mijaurée !
Fille pressée, ame dénaturée !
Ah ! Lise, Lise, allons, je veux savoir
Tous les entours de ce procédé noir.
Çà, depuis quand connais-tu le corsaire ?
Son nom, son rang ? comment t'a-t-il pu plaire ?
De ses méfaits je veux savoir le fil.
D'où nous vient-il ? en quel endroit est-il ?
Réponds, réponds : tu ris de ma colère ?
Tu ne meurs pas de honte ?

LISE.

Non, mon père.

RONDON.

Encor des *non?* toujours ce chien de ton;
Et toujours *non,* quand on parle à Rondon!
La négative est pour moi trop suspecte:
Quand on a tort, il faut qu'on me respecte,
Que l'on me craigne, et qu'on sache obéir.

LISE.

Oui, je suis prête à vous tout découvrir.

RONDON.

Ah! c'est parler cela: quand je menace
On est petit....

LISE.

Je ne veux qu'une grâce:
C'est qu'Euphémon daignât auparavant
Seul en ce lieu me parler un moment.

RONDON.

Euphémon? bon! eh, que pourra-t-il faire?
C'est à moi seul qu'il faut parler.

LISE.

Mon père,
J'ai des secrets qu'il faut lui confier;
Pour votre honneur daignez me l'envoyer;
Daignez.... c'est tout ce que je puis vous dire

RONDON.

A sa demande encor faut-il souscrire?
A ce bon-homme elle veut s'expliquer;
On peut fort bien souffrir, sans rien risquer,
Qu'en confidence elle lui parle seule;
Puis sur-le-champ je cloître ma bégueule.

SCÈNE IV.

LISE, MARTHE.

LISE.

Digne Euphémon, pourrai-je te toucher?
Mon cœur de moi semble se détacher.
J'attends ici mon trépas ou ma vie.
(à Marthe.)
Écoute un peu.

(elle lui parle à l'oreille.)

MARTHE.

Vous serez obéie.

SCÈNE V.

EUPHÉMON PÈRE, LISE.

LISE.

Un siège.... Hélas!.... Monsieur, asseyez-vous,
Et permettez que je parle à genoux.

EUPHÉMON, *l'empêchant de se mettre à genoux.*

Vous m'outragez.

LISE.

Non, mon cœur vous révère;
Je vous regarde à jamais comme un père.

EUPHÉMON PÈRE.

Qui, vous ma fille!

LISE.

Oui, j'ose me flatter
Que c'est un nom que j'ai su mériter.

EUPHÉMON PÈRE.

Après l'éclat et la triste aventure
Qui de nos nœuds a causé la rupture!

LISE.

Soyez mon juge et lisez dans mon cœur;
Mon juge enfin sera mon protecteur.
Écoutez-moi; vous allez reconnaître
Mes sentiments, et les vôtres peut-être:

(elle prend un siège à côté de lui.)

Si votre cœur avait été lié,
Par la plus tendre et plus pure amitié,
A quelque objet de qui l'aimable enfance
Donna d'abord la plus belle espérance,
Et qui brilla dans son heureux printemps,
Croissant en grâce, en mérite, en talents;
Si quelque temps sa jeunesse abusée,
Des vains plaisirs suivant la pente aisée,
Au feu de l'âge avait sacrifié
Tous ses devoirs, et même l'amitié....

EUPHÉMON PÈRE.

Eh bien?

LISE.

Monsieur, si son expérience
Eût reconnu la triste jouissance
De ces faux biens, objets de ses transports,
Nés de l'erreur, et suivis des remords;
Honteux enfin de sa folle conduite,
Si sa raison, par le malheur instruite,
De ses vertus rallumant le flambeau,
Le ramenait avec un cœur nouveau;
Ou que plutôt, honnête homme et fidèle,
Il eût repris sa forme naturelle,
Pourriez-vous bien lui fermer aujourd'hui
L'accès d'un cœur qui fut ouvert pour lui?

EUPHÉMON PÈRE.

De ce portrait que voulez-vous conclure?
Et quel rapport a-t-il à mon injure?
Le malheureux qu'à vos pieds on a vu
Est un jeune homme en ces lieux inconnu;
Et cette veuve, ici, dit elle-même
Qu'elle l'a vu six mois dans Angoulême;
Un autre dit que c'est un effronté,
D'amours obscurs follement entêté;
Et j'avouerai que ce portrait redouble
L'étonnement et l'horreur qui me trouble.

LISE.

Hélas! monsieur, quand vous aurez appris
Tout ce qu'il est, vous serez plus surpris.
De grâce, un mot; votre ame est noble et belle;
La cruauté n'est pas faite pour elle:
N'est-il pas vrai qu'Euphémon votre fils
Fut long-temps cher à vos yeux attendris?

EUPHÉMON PÈRE.

Oui, je l'avoue, et ses lâches offenses
Ont d'autant mieux mérité mes vengeances:
J'ai plaint sa mort, j'avais plaint ses malheurs;
Mais la nature, au milieu de mes pleurs,
Aurait laissé ma raison saine et pure
De ses excès punir sur lui l'injure.

LISE.

Vous! vous pourriez à jamais le punir,
Sentir toujours le malheur de haïr,
Et repousser encore avec outrage
Ce fils changé, devenu votre image,
Qui de ses pleurs arroserait vos pieds!
Le pourriez-vous?

EUPHÉMON PÈRE.

Hélas! vous oubliez
Qu'il ne faut point par de nouveaux supplices
De ma blessure ouvrir les cicatrices.
Mon fils est mort, ou mon fils, loin d'ici,
Est dans le crime à jamais endurci:
De la vertu s'il eût repris la trace,
Viendrait-il pas me demander sa grâce?

LISE.

La demander! sans doute, il y viendra;
Vous l'entendrez; il vous attendrira.

EUPHÉMON PÈRE.

Que dites-vous?

LISE.

Oui, si la mort trop prompte
N'a pas fini sa douleur et sa honte,
Peut-être ici vous le verrez mourir
A vos genoux d'excès de repentir.

EUPHÉMON PÈRE.

Vous sentez trop quel est mon trouble extrême.
Mon fils vivrait!

LISE.

S'il respire, il vous aime.

EUPHÉMON PÈRE.

Ah! s'il m'aimait! mais quelle vaine erreur!
Comment? de qui l'apprendre?

LISE.

De son cœur.

EUPHÉMON PÈRE.

Mais sauriez-vous...

LISE.

Sur tout ce qui le touche
La vérité vous parle par ma bouche.

EUPHÉMON PÈRE.

Non, non, c'est trop me tenir en suspens :
Ayez pitié du déclin de mes ans :
J'espère encore, et je suis plein d'alarmes:
J'aimai mon fils ; jugez-en par mes larmes.
Ah ! s'il vivait, s'il était vertueux !
Expliquez-vous, parlez-moi.

LISE.

Je le veux.
Il en est temps, il faut vous satisfaire.
(elle fait quelques pas, et s'adresse à Euphémon fils, qui est dans la coulisse.)
Venez enfin.

SCÈNE VI.

EUPHÉMON PÈRE, EUPHÉMON FILS, LISE.

EUPHÉMON PÈRE.

Que vois-je ? ô ciel !

EUPHÉMON FILS, *aux pieds de son père.*

Mon père,
Connaissez-moi, décidez de mon sort ;
J'attends d'un mot ou la vie ou la mort.

EUPHÉMON PÈRE.

Ah ! qui t'amène en cette conjoncture ?

EUPHÉMON FILS.

Le repentir, l'amour, et la nature.

LISE, *se mettant aussi à genoux.*

A vos genoux vous voyez vos enfants ;
Oui, nous avons les mêmes sentiments,
Le même cœur....

EUPHÉMON FILS, *en montrant Lise.*

Hélas, son indulgence
De mes fureurs a pardonné l'offense;
Suivez, suivez pour cet infortuné,
L'exemple heureux que l'amour a donné.
Je n'espérais, dans ma douleur mortelle,
Que d'expirer aimé de vous et d'elle;
Et si je vis, ah! c'est pour mériter
Ces sentiments dont j'ose me flatter.
D'un malheureux vous détournez la vue?
De quels transports votre ame est-elle émue?
Est-ce la haine? Et ce fils condamné....

EUPHÉMON PÈRE, *se levant et l'embrassant.*

C'est la tendresse; et tout est pardonné,
Si la vertu règne enfin dans ton ame:
Je suis ton père.

LISE.

Et j'ose être sa femme.
J'étais à lui: permettez qu'à vos pieds
Nos premiers nœuds soient enfin renoués.
Non, ce n'est pas votre bien qu'il demande;
D'un cœur plus pur il vous porte l'offrande
Il ne veut rien; et s'il est vertueux,
Tout ce que j'ai suffira pour nous deux.

SCÈNE VII

LES ACTEURS PRÉCÉDENTS, RONDON, MADAME CROUPILLAC, FIERENFAT, RECORS, SUITE.

FIERENFAT.

Ah ! le voici qui parle encore à Lise.
Prenons notre homme hardiment par surprise ;
Montrons un cœur au-dessus du commun.

RONDON.

Soyons hardis, nous sommes six contre un.

LISE, *à Rondon.*

Ouvrez les yeux, et connaissez qui j'aime.

RONDON.

C'est lui.

FIERENFAT.

Qui donc ?

LISE.

Votre frère.

EUPHÉMON PÈRE.

Lui-même

FIERENFAT.

Vous vous moquez ; ce fripon, mon frère ?

LISE.

Oui.

MADAME CROUPILLAC.

J'en ai le cœur tout-à-fait réjoui.

RONDON.

Quel changement ! quoi ? c'est donc là mon drôle ?

FIERENFAT.

Oh, oh ! je joue un fort singulier rôle :
Tudieu, quel frère !

EUPHÉMON PÈRE.

Oui, je l'avais perdu;
Le repentir, le ciel me l'a rendu.

MADAME CROUPILLAC.

Bien à propos pour moi.

FIERENFAT.

La vilaine ame!
Il ne revient que pour m'ôter ma femme!

EUPHÉMON FILS, *à Fierenfat.*

Il faut enfin que vous me connaissiez;
C'est vous, monsieur, qui me la ravissiez.
Dans d'autres temps j'avais eu sa tendresse
L'emportement d'une folle jeunesse
M'ôta ce bien, dont on doit être épris,
Et dont j'avais trop mal connu le prix.
J'ai retrouvé, dans ce jour salutaire,
Ma probité, ma maîtresse, mon père.
M'envierez-vous l'inopiné retour
Des droits du sang, et des droits de l'amour?
Gardez mes biens, je vous les abandonne;
Vous les aimez.... moi, j'aime sa personne;
Chacun de nous aura son vrai bonheur,
Vous dans mes biens, moi, monsieur, dans son cœur.

EUPHÉMON PÈRE.

Non, sa bonté si désintéressée
Ne sera pas si mal récompensée;
Non, Euphémon, ton père ne veut pas
T'offrir, sans bien, sans dot, à ses appas.

RONDON.

Oh! bon cela.

MADAME CROUPILLAC.

Je suis émerveillée,

Tout ébaubie, et toute consolée.
Ce gentilhomme est venu tout exprès,
En vérité, pour venger mes attraits.
(à Euphémon fils.)
Vîte, épousez : le ciel vous favorise,
Car tout exprès pour vous il a fait Lise;
Et je pourrais, par ce bel accident,
Si l'on voulait, ravoir mon président.

LISE. *(à Rondon.*

De tout mon cœur. Et vous, souffrez, mon père;
Souffrez qu'une ame et fidèle et sincère,
Qui ne pouvait se donner qu'une fois,
Soit ramenée à ses premières lois.

RONDON.

Si sa cervelle est enfin moins volage....

LISE.

Oh! j'en réponds.

RONDON.

S'il l'aime, s'il est sage....

LISE.

N'en doutez pas.

RONDON.

Si surtout Euphémon
D'une ample dot lui fait un large don,
J'en suis d'accord.

FIERENFAT.

Je gagne en cette affaire
Beaucoup, sans doute, en trouvant un mien frère:
Mais cependant je perds en moins de rien
Mes frais de noce, une femme et du bien.

MADAME CROUPILLAC.

Eh! fi, vilain! quel cœur sordide et chiche!

Faut-il toujours courtiser la plus riche ?
N'ai-je donc pas en contrats, en châteaux,
Assez pour vivre, et plus que tu ne vaux ?
Ne suis-je pas en date la première ?
N'as-tu pas fait, dans l'ardeur de me plaire,
De longs serments, tous couchés par écrit,
Des madrigaux, des chansons sans esprit ?
Entre mes mains j'ai toutes tes promesses :
Nous plaiderons ; je montrerai les pièces :
Le parlement doit en semblable cas
Rendre un arrêt contre tous les ingrats.

RONDON.

Ma foi, l'ami, crains sa juste colère ;
Épouse-la, crois-moi, pour t'en défaire.

EUPHÉMON PÈRE, *à madame Croupillac.*

Je suis confus du vif empressement
Dont vous flattez mon fils le président ;
Votre procès lui devrait plaire encore ;
C'est un dépit dont la cause l'honore :
Mais permettez que mes soins réunis
Soient pour l'objet qui m'a rendu mon fils.
Vous, mes enfants, dans ces moments prospères,
Soyez unis, embrassez-vous en frères.
Vous, mon ami, rendons grâces aux cieux,
Dont les bontés ont tout fait pour le mieux.
Non, il ne faut, et mon cœur le confesse,
Désespérer jamais de la jeunesse.

FIN DE L'ENFANT PRODIGUE.

LE FANATISME,

OU

MAHOMET LE PROPHETE,

TRAGÉDIE,

Représentée pour la première fois, à Paris, le 9 auguste 1742.

PERSONNAGES.

MAHOMET.

ZOPIRE, skeik ou shérif de la Mecque.

OMAR, lieutenant de Mahomet.

SÉIDE, }
PALMIRE, } esclaves de Mahomet.

PHANOR, sénateur de la Mecque.

TROUPE DE MECQUOIS.

TROUPE DE MUSULMANS.

La scène est à la Mecque.

LE FANATISME,

TRAGÉDIE.

ACTE PREMIER.

SCÈNE I.

ZOPIRE, PHANOR.

ZOPIRE.

Qui ? moi, baisser les yeux devant ces faux prodiges ?
Moi, de ce fanatique encenser les prestiges !
L'honorer dans la Mecque après l'avoir banni !
Non. Que des justes dieux Zopire soit puni,
Si tu vois cette main, jusqu'ici libre et pure,
Caresser la révolte et flatter l'imposture !

PHANOR.

Nous chérissons en vous ce zèle paternel
Du chef auguste et saint du sénat d'Ismaël ;
Mais ce zèle est funeste ; et tant de résistance,
Sans lasser Mahomet, irrite sa vengeance.
Contre ses attentats vous pouviez autrefois
Lever impunément le fer sacré des lois,
Et des embrasements d'une guerre immortelle
Étouffer sous vos pieds la première étincelle.
Mahomet citoyen ne parut à vos yeux,
Qu'un novateur obscur, un vil séditieux :
Aujourd'hui c'est un prince ; il triomphe, il domine ;
Imposteur à la Mecque, et prophète à Médine,

Il sait faire adorer à trente nations
Tous ces mêmes forfaits qu'ici nous détestons.
Que dis-je? en ces murs même une troupe égarée,
Des poisons de l'erreur avec zèle enivrée,
De ses miracles faux soutient l'illusion,
Répand le fanatisme et la sédition,
Appelle son armée, et croit qu'un dieu terrible
L'inspire, le conduit, et le rend invincible.
Tous nos vrais citoyens avec vous sont unis;
Mais les meilleurs conseils sont-ils toujours suivis?
L'amour des nouveautés, le faux zèle, la crainte,
De la Mecque alarmée ont désolé l'enceinte;
Et ce peuple, en tout temps chargé de vos bienfaits,
Crie encore à son père, et demande la paix.

ZOPIRE.

La paix avec ce traître! Ah! peuple sans courage,
N'en attendez jamais qu'un horrible esclavage;
Allez, portez en pompe, et servez à genoux,
L'idole dont le poids va vous écraser tous.
Moi, je garde à ce fourbe une haine éternelle;
De mon cœur ulcéré la plaie est trop cruelle:
Lui-même a contre moi trop de ressentiments.
Le cruel fit périr ma femme et mes enfants:
Et moi, jusqu'en son camp j'ai porté le carnage;
La mort de son fils même honora mon courage.
Les flambeaux de la haine entre nous allumés
Jamais des mains du temps ne seront consumés.

PHANOR.

Ne les éteignez point, mais cachez-en la flamme:
Immolez au public les douleurs de votre ame.
Quand vous verrez ces lieux par ses mains ravagés,
Vos malheureux enfants seront-ils mieux vengés?

Vous avez tout perdu, fils, frère, épouse, fille;
Ne perdez point l'état : c'est là votre famille.

ZOPIRE.

On ne perd les états que par timidité.

PHANOR.

On périt quelquefois par trop de fermeté.

ZOPIRE.

Périssons, s'il le faut.

PHANOR.

Ah! quel triste courage
Quand vous touchez au port, vous expose au naufrage?
Le ciel, vous le voyez, a remis en vos mains
De quoi fléchir encor ce tyran des humains.
Cette jeune Palmire en ses camps élevée,
Dans vos derniers combats par vous-même enlevée,
Semble un ange de paix descendu parmi nous,
Qui peut de Mahomet apaiser le courroux.
Déja par ses hérauts il l'a redemandée.

ZOPIRE.

Tu veux qu'à ce barbare elle soit accordée?
Tu veux que d'un si cher et si noble trésor
Ses criminelles mains s'enrichissent encor?
Quoi! lorsqu'il nous apporte et la fraude et la guerre,
Lorsque son bras enchaîne et ravage la terre,
Les plus tendres appas brigueront sa faveur,
Et la beauté sera le prix de sa fureur!
Ce n'est pas qu'à mon âge, aux bornes de ma vie,
Je porte à Mahomet une honteuse envie;
Ce cœur triste et flétri que les ans ont glacé
Ne peut sentir les feux d'un désir insensé.
Mais soit qu'en tous les temps un objet né pour plaire
Arrache de nos vœux l'hommage involontaire;

Soit que, privé d'enfants, je cherche à dissiper
Cette nuit de douleurs qui vient m'envelopper;
Je ne sais quel penchant pour cette infortunée
Remplit le vide affreux de mon ame étonnée.
Soit faiblesse ou raison, je ne puis sans horreur
La voir aux mains d'un monstre artisan de l'erreur.
Je voudrais qu'à mes vœux heureusement docile,
Elle-même en secret pût chérir cet asile;
Je voudrais que son cœur, sensible à mes bienfaits,
Détestât Mahomet autant que je le hais.
Elle veut me parler sous ces sacrés portiques,
Non loin de cet autel de nos dieux domestiques;
Elle vient, et son front, siège de la candeur,
Annonce en rougissant les vertus de son cœur.

SCÈNE II

ZOPIRE, PALMIRE.

ZOPIRE.

Jeune et charmant objet dont le sort de la guerre,
Propice à ma vieillesse, honora cette terre,
Vous n'êtes point tombée en de barbares mains;
Tout respecte avec moi vos malheureux destins,
Votre âge, vos beautés, votre aimable innocence.
Parlez; et s'il me reste encor quelque puissance,
De vos justes désirs si je remplis les vœux,
Ces derniers de mes jours seront des jours heureux.

PALMIRE.

Seigneur, depuis deux mois sous vos lois prisonnière,
Je dus à mes destins pardonner ma misère;
Vos généreuses mains s'empressent d'effacer
Les larmes que le ciel me condamne à verser.

Par vous, par vos bienfaits, à parler enhardie,
C'est de vous que j'attends le bonheur de ma vie.
Aux vœux de Mahomet j'ose ajouter les miens :
Il vous a demandé de briser mes liens;
Puissiez-vous l'écouter! et puissé-je lui dire
Qu'après le ciel et lui je dois tout à Zopire!

ZOPIRE.

Ainsi de Mahomet vous regrettez les fers,
Ce tumulte des camps, ces horreurs des déserts,
Cette patrie errante, au trouble abandonnée?

PALMIRE.

La patrie est aux lieux où l'âme est enchaînée.
Mahomet a formé mes premiers sentiments,
Et ses femmes en paix guidaient mes faibles ans;
Leur demeure est un temple où ces femmes sacrées
Lèvent au ciel des mains de leur maître adorées.
Le jour de mon malheur, hélas! fut le seul jour
Où le sort des combats a troublé leur séjour :
Seigneur, ayez pitié d'une ame déchirée,
Toujours présente aux lieux dont je suis séparée.

ZOPIRE.

J'entends : vous espérez partager quelque jour
De ce maître orgueilleux et la main et l'amour.

PALMIRE.

Seigneur, je le révère, et mon ame tremblante
Croit voir dans Mahomet un dieu qui m'épouvante.
Non, d'un si grand hymen mon cœur n'est point flatté;
Tant d'éclat convient mal à tant d'obscurité.

ZOPIRE.

Ah! qui que vous soyez, il n'est point né peut-être
Pour être votre époux, encor moins votre maître.

Et vous semblez d'un sang fait pour donner des lois
A l'Arabe insolent qui marche égal aux rois.

PALMIRE.

Nous ne connaissons point l'orgueil de la naissance;
Sans parents, sans patrie, esclaves dès l'enfance,
Dans notre égalité nous chérissons nos fers;
Tout nous est étranger, hors le dieu que je sers.

ZOPIRE.

Tout vous est étranger! cet état peut-il plaire?
Quoi! vous servez un maître, et n'avez point de père?
Dans mon triste palais, seul et privé d'enfants,
J'aurais pu voir en vous l'appui de mes vieux ans;
Le soin de vous former des destins plus propices
Eût adouci des miens les longues injustices.
Mais non, vous abhorrez ma patrie et ma loi.

PALMIRE.

Comment puis-je être à vous? je ne suis point à moi.
Vous aurez mes regrets, votre bonté m'est chère;
Mais enfin Mahomet m'a tenu lieu de père.

ZOPIRE.

Quel père! justes dieux! lui? ce monstre imposteur!

PALMIRE.

Ah! quels noms inouis lui donnez-vous, seigneur!
Lui, dans qui tant d'états adorent leur prophète!
Lui, l'envoyé du ciel, et son seul interprète!

ZOPIRE.

Etrange aveuglement des malheureux mortels!
Tout m'abandonne ici, pour dresser des autels
A ce coupable heureux qu'épargna ma justice,
Et qui courut au trône, échappé du supplice.

PALMIRE.

Vous me faites frémir, seigneur; et, de mes jours,

Je n'avais entendu ces horribles discours.
Mon penchant, je l'avoue, et ma reconnaissance
Vous donnaient sur mon cœur une juste puissance;
Vos blasphèmes affreux contre mon protecteur
A ce penchant si doux font succéder l'horreur.

ZOPIRE.

O superstition! tes rigueurs inflexibles
Privent d'humanité les cœurs les plus sensibles.
Que je vous plains, Palmire; et que sur vos erreurs
Ma pitié malgré moi me fait verser de pleurs!

PALMIRE.

Et vous me refusez!

ZOPIRE.

Oui. Je ne puis vous rendre
Au tyran qui trompa ce cœur flexible et tendre;
Oui, je crois voir en vous un bien trop précieux,
Qui me rend Mahomet encor plus odieux.

SCÈNE III.

ZOPIRE, PALMIRE, PHANOR.

ZOPIRE.

QUE voulez-vous, Phanor?

PHANOR.

Aux portes de la ville
D'où l'on voit de Moad la campagne fertile,
Omar est arrivé.

ZOPIRE.

Qui? ce farouche Omar,
Que l'erreur aujourd'hui conduit après son char,
Qui combattit long-temps le tyran qu'il adore,
Qui vengea son pays?

PHANOR.

Peut-être il l'aime encore.
Moins terrible à nos yeux, cet insolent guerrier,
Portant entre ses mains le glaive et l'olivier,
De la paix à nos chefs a présenté le gage.
On lui parle, il demande, il reçoit un otage.
Séide est avec lui.

PALMIRE.

Grand dieu! destin plus doux!
Quoi! Séide?

PHANOR.

Omar vient, il s'avance vers vous.

ZOPIRE.

Il le faut écouter. Allez, jeune Palmire.

(Palmire sort.)

Omar devant mes yeux! qu'osera-t-il me dire?
O dieux de mon pays, qui depuis trois mille ans
Protégiez d'Ismaël les généreux enfants!
Soleil, sacrés flambeaux, qui dans votre carriere,
Images de ces dieux, nous prêtez leur lumière,
Voyez et soutenez la juste fermeté
Que j'opposai toujours contre l'iniquité!

SCÈNE IV

ZOPIRE, OMAR, PHANOR, SUITE.

ZOPIRE.

Eh bien! après six ans tu revois ta patrie,
Que ton bras défendit, que ton cœur a trahie.
Ces murs sont encor pleins de tes premiers exploits.
Déserteur de nos dieux, déserteur de nos lois,
Persécuteur nouveau de cette cité sainte,

D'où vient que ton audace en profane l'enceinte?
Ministre d'un brigand qu'on dut exterminer,
Parle; que me veux-tu?

OMAR.

Je veux te pardonner.
Le prophète d'un dieu, par pitié pour ton âge,
Pour tes malheurs passés, surtout pour ton courage,
Te présente une main qui pourrait t'écraser;
Et j'apporte la paix qu'il daigne proposer.

ZOPIRE.

Un vil séditieux prétend avec audace
Nous accorder la paix, et non demander grâce!
Souffrirez-vous, grands dieux! qu'au gré de ses forfaits
Mahomet nous ravisse ou nous rende la paix?
Et vous, qui vous chargez des volontés d'un traître,
Ne rougissez-vous point de servir un tel maître?
Ne l'avez-vous pas vu, sans honneur et sans biens,
Ramper au dernier rang des derniers citoyens?
Qu'alors il était loin de tant de renommée!

OMAR.

A tes viles grandeurs ton ame accoutumée
Juge ainsi du mérite, et pèse les humains
Au poids que la fortune avait mis dans tes mains.
Ne sais-tu pas encore, homme faible et superbe,
Que l'insecte insensible enseveli sous l'herbe,
Et l'aigle impérieux qui plane au haut du ciel,
Rentrent dans le néant aux yeux de l'Éternel?
Les mortels sont égaux; ce n'est point la naissance,
C'est la seule vertu qui fait leur différence.
Il est de ces esprits favorisés des cieux,
Qui sont tout par eux-même, et rien par leurs aïeux.
Qel est l'homme, en un mot, que j'ai choisi pour maitr

Lui seul dans l'univers a mérité de l'être;
Tout mortel à sa loi doit un jour obéir,
Et j'ai donné l'exemple aux siècles à venir.

ZOPIRE.

Je te connais, Omar : en vain ta politique
Vient m'étaler ici ce tableau fanatique ;
En vain tu peux ailleurs éblouir les esprits ;
Ce que ton peuple adore excite mes mépris.
Bannis toute imposture, et d'un coup-d'œil plus sage
Regarde ce prophète à qui tu rends hommage ;
Vois l'homme en Mahomet ; conçois par quel degré
Tu fais monter aux cieux ton fantôme adoré.
Enthousiaste ou fourbe, il faut cesser de l'être ;
Sers-toi de ta raison, juge avec moi ton maître :
Tu verras de chameaux un grossier conducteur,
Chez sa première épouse insolent imposteur,
Qui, sous le vain appât d'un songe ridicule,
Des plus vils des humains tente la foi crédule ;
Comme un séditieux à mes pieds amené,
Par quarante vieillards à l'exil condamné :
Trop léger châtiment qui l'enhardit au crime.
De caverne en caverne il fuit avec Fatime.
Ses disciples errant de cités en déserts,
Proscrits, persécutés, bannis, chargés de fers,
Promènent leur fureur, qu'ils appellent divine ;
De leurs venins bientôt ils infectent Médine.
Toi-même alors, toi-même, écoutant la raison,
Tu voulus dans sa source arrêter le poison.
Je te vis plus heureux, et plus juste, et plus brave,
Attaquer le tyran dont je te vois l'esclave.
S'il est un vrai prophète, osas-tu le punir?
S'il est un imposteur, oses-tu le servir?

OMAR.

Je voulus le punir quand mon peu de lumière
Méconnut ce grand homme entré dans la carrière;
Mais enfin, quand j'ai vu que Mahomet est né
Pour changer l'univers à ses pieds consterné;
Quand mes yeux éclairés du feu de son génie
Le virent s'élever dans sa course infinie;
Éloquent, intrépide, admirable en tout lieu,
Agir, parler, punir, ou pardonner en dieu;
J'associai ma vie à ses travaux immenses:
Des trônes, des autels en sont les récompenses.
Je fus, je te l'avoue, aveugle comme toi:
Ouvre les yeux, Zopire, et change ainsi que moi;
Et, sans plus me vanter les fureurs de ton zèle,
Ta persécution si vaine et si cruelle,
Nos frères gémissants, notre dieu blasphémé,
Tombe aux pieds d'un héros par toi-même opprimé.
Viens baiser cette main qui porte le tonnerre.
Tu me vois après lui le premier de la terre;
Le poste qui te reste est encore assez beau
Pour fléchir noblement sous ce maître nouveau.
Vois ce que nous étions, et vois ce que nous sommes.
Le peuple, aveugle et faible, est né pour les grands hommes,
Pour admirer, pour croire, et pour nous obéir.
Viens régner avec nous, si tu crains de servir;
Partage nos grandeurs au lieu de t'y soustraire;
Et, las de l'imiter, fais trembler le vulgaire.

ZOPIRE.

Ce n'est qu'à Mahomet, à ses pareils, à toi,
Que je prétends, Omar, inspirer quelque effroi.
Tu veux que du sénat le shérif infidèle
Encense un imposteur, et couronne un rebelle!

Je ne te nierai point que ce fier séducteur
N'ait beaucoup de prudence et beaucoup de valeur :
Je connais comme toi les talents de ton maître ;
S'il était vertueux, c'est un héros peut-être :
Mais ce héros, Omar, est un traître, un cruel,
Et de tous les tyrans c'est le plus criminel.
Cesse de m'annoncer sa trompeuse clémence ;
Le grand art qu'il possède est l'art de la vengeance.
Dans le cours de la guerre un funeste destin
Le priva de son fils que fit périr ma main.
Mon bras perça le fils, ma voix bannit le père ;
Ma haine est inflexible, ainsi que sa colère ;
Pour rentrer dans la Mecque, il doit m'exterminer,
Et le juste aux méchants ne doit point pardonner.

OMAR.

Eh bien ! pour te montrer que Mahomet pardonne
Pour te faire embrasser l'exemple qu'il te donne,
Partage avec lui-même, et donne à tes tribus
Les dépouilles des rois que nous avons vaincus.
Mets un prix à la paix ; mets un prix à Palmire ;
Nos trésors sont à toi.

ZOPIRE.

Tu penses me séduire,
Me vendre ici ma honte, et marchander la paix
Par ses trésors honteux, le prix de ses forfaits ?
Tu veux que sous ses lois Palmire se remette ?
Elle a trop de vertus pour être sa sujette ;
Et je veux l'arracher aux tyrans imposteurs,
Qui renversent les lois et corrompent les mœurs

OMAR.

Tu me parles toujours comme un juge implacable,
Qui sur son tribunal intimide un coupable,

Pense et parle en ministre, agis, traite avec moi
Comme avec l'envoyé d'un grand homme et d'un roi.

ZOPIRE.

Qui l'a fait roi? qui l'a couronné?

OMAR.

La victoire.
Ménage sa puissance, et respecte sa gloire.
Aux noms de conquérant et de triomphateur,
Il veut joindre le nom de pacificateur.
Son armée est encore aux bords du Saïbare;
Des murs où je suis né le siège se prépare;
Sauvons, si tu m'en crois, le sang qui va couler:
Mahomet veut ici te voir et te parler.

ZOPIRE.

Lui? Mahomet?

OMAR.

Lui-même; il t'en conjure.

ZOPIRE.

Traître!
Si de ces lieux sacrés j'étais l'unique maître,
C'est en te punissant que j'aurais répondu.

OMAR.

Zopire, j'ai pitié de ta fausse vertu.
Mais puisqu'un vil sénat insolemment partage
De ton gouvernement le fragile avantage,
Puisqu'il règne avec toi, je cours m'y présenter.

ZOPIRE.

Je t'y suis; nous verrons qui l'on doit écouter.
Je défendrai mes lois, mes dieux, et ma patrie,
Viens-y contre ma voix prêter ta voix impie
Au dieu persécuteur, effroi du genre humain,
Qu'un fourbe ose annoncer les armes à la main.

(à Phanor.)

Toi, viens m'aider, Phanor, à repousser un traître;
Le souffrir parmi nous, et l'épargner, c'est l'être.
Renversons ses desseins, confondons son orgueil:
Préparons son supplice, ou creusons mon cercueil.
Je vais, si le sénat m'écoute et me seconde,
Délivrer d'un tyran ma patrie et le monde.

FIN DU PREMIER ACTE.

ACTE SECOND.

SCÈNE I.

SÉIDE, PALMIRE.

PALMIRE.

Dans ma prison cruelle est-ce un dieu qui te guide ?
Mes maux sont-ils finis ? te revois-je, Séide ?

SÉIDE.

O charme de ma vie et de tous mes malheurs !
Palmire, unique objet qui m'a coûté des pleurs,
Depuis ce jour de sang qu'un ennemi barbare,
Près des camps du prophète, aux bords du Saïbar,
Vint arracher sa proie à mes bras tout sanglants ;
Qu'étendu loin de toi sur des corps expirants,
Mes cris mal entendus sur cette infâme rive
Invoquèrent la mort sourde à ma voix plaintive,
O ma chère Palmire, en quel gouffre d'horreur
Tes périls et ma perte ont abîmé mon cœur !
Que mes feux, que ma crainte et mon impatience
Accusaient la lenteur des jours de la vengeance !
Que je hâtais l'assaut si long-temps différé,
Cette heure de carnage, où, de sang enivré,
Je devais de mes mains brûler la ville impie
Où Palmire a pleuré sa liberté ravie !
Enfin de Mahomet les sublimes desseins,
Que n'ose approfondir l'humble esprit des humains,
Ont fait entrer Omar en ce lieu d'esclavage ;
Je l'apprends, et j'y vole. On demande un otage ;

J'entre, je me présente ; on accepte ma foi ;
Et je me rends captif, ou je meurs avec toi.

PALMIRE.

Séide, au moment même, avant que ta présence
Vînt de mon désespoir calmer la violence,
Je me jetais aux pieds de mon fier ravisseur.
Vous voyez, ai-je dit, les secrets de mon cœur :
Ma vie est dans les camps dont vous m'avez tirée ;
Rendez-moi le seul bien dont je suis séparée.
Mes pleurs, en lui parlant, ont arrosé ses pieds,
Ses refus ont saisi mes esprits effrayés.
J'ai senti dans mes yeux la lumière obscurcie :
Mon cœur sans mouvement, sans chaleur, et sans vie,
D'aucune ombre d'espoir n'était plus secouru ;
Tout finissait pour moi, quand Séide a paru.

SÉIDE.

Quel est donc ce mortel insensible à tes larmes ?

PALMIRE.

C'est Zopire : il semblait touché de mes alarmes :
Mais le cruel enfin vient de me déclarer
Que des lieux où je suis rien ne peut me tirer.

SÉIDE.

Le barbare se trompe ; et Mahomet mon maître,
Et l'invincible Omar, et ton amant peut-être,
(Car j'ose me nommer après ces noms fameux,
Pardonne à ton amant cet espoir orgueilleux :)
Nous briserons ta chaîne, et tarirons tes larmes.
Le dieu de Mahomet, protecteur de nos armes,
Le dieu dont j'ai porté les sacrés étendards,
Le dieu qui de Médine a détruit les remparts,
Renversera la Mecque à nos pieds abattue
Omar est dans la ville, et le peuple à sa vue

N'a point fait éclater ce trouble et cette horreur
Qu'inspire aux ennemis un ennemi vainqueur;
Au nom de Mahomet un grand dessein l'amène.

PALMIRE.

Mahomet nous chérit; il briserait ma chaîne;
Il unirait nos cœurs; nos cœurs lui sont offerts:
Mais il est loin de nous, et nous sommes aux fers.

SCÈNE II.

PALMIRE, SÉIDE, OMAR.

OMAR.

Vos fers seront brisés, soyez pleins d'espérance;
Le ciel vous favorise, et Mahomet s'avance.

SÉIDE.

Lui?

PALMIRE.

Notre auguste père!

OMAR.

Au conseil assemblé
L'esprit de Mahomet par ma bouche a parlé.
« Ce favori du dieu qui préside aux batailles,
« Ce grand homme, ai-je dit, est né dans vos murailles.
« Il s'est rendu des rois le maître et le soutien,
« Et vous lui refusez le rang de citoyen!
« Vient-il vous enchaîner, vous perdre, vous détruire:
« Il vient vous protéger, mais surtout vous instruire:
« Il vient dans vos cœurs même établir son pouvoir. »
Plus d'un juge à ma voix a paru s'émouvoir;
Les esprits s'ébranlaient: l'inflexible Zopire,
Qui craint de la raison l'inévitable empire,

Veut convoquer le peuple et s'en faire un appui.
On l'assemble; j'y cours, et j'arrive avec lui :
Je parle aux citoyens, j'intimide, j'exhorte;
J'obtiens qu'à Mahomet on ouvre enfin la porte.
Après quinze ans d'exil, il revoit ses foyers;
Il entre accompagné des plus braves guerriers,
D'Ali, d'Ammon, d'Hercide, et de sa noble élite;
Il entre, et sur ses pas chacun se précipite.
Chacun porte un regard, comme un cœur différent :
L'un croit voir un héros, l'autre voir un tyran.
Celui-ci le blasphème et le menace encore;
Cet autre est à ses pieds, les embrasse, et l'adore.
Nous faisons retentir à ce peuple agité
Les noms sacrés de dieu, de paix, de liberté.
De Zopire éperdu la cabale impuissante
Vomit en vain les feux de sa rage expirante.
Au milieu de leurs cris, le front calme et serein,
Mahomet marche en maître et l'olive à la main :
La trève est publiée, et le voici lui-même.

SCÈNE III.

MAHOMET, OMAR, ALI, HERCIDE, SÉIDE, PALMIRE, SUITE.

MAHOMET.

INVINCIBLES soutiens de mon pouvoir suprême,
Noble et sublime Ali, Morad, Hercide, Ammon,
Retournez vers ce peuple, instruisez-le en mon nom;
Promettez, menacez; que la vérité règne;
Qu'on adore mon dieu, mais surtout qu'on le craigne.
Vous, Séide, en ces lieux!

SÉIDE.

O mon père, ô mon roi!
Le dieu qui vous inspire a marché devant moi.
Prêt à mourir pour vous, prêt à tout entreprendre,
J'ai prévenu votre ordre.

MAHOMET.

Il eût fallu l'attendre.
Qui fait plus qu'il ne doit ne sait point me servir.
J'obéis à mon dieu; vous, sachez m'obéir.

PALMIRE.

Ah! seigneur, pardonnez à son impatience.
Elevés près de vous dans notre tendre enfance:
Les mêmes sentiments nous animent tous deux:
Hélas! mes tristes jours sont assez malheureux!
Loin de vous, loin de lui, j'ai langui prisonnière;
Mes yeux de pleurs noyés s'ouvraient à la lumière:
Empoisonneriez-vous l'instant de mon bonheur?

MAHOMET.

Palmire, c'est assez; je lis dans votre cœur:
Que rien ne vous alarme et rien ne vous étonne.
Allez; malgré les soins de l'autel et du trône,
Mes yeux sur vos destins seront toujours ouverts;
Je veillerai sur vous comme sur l'univers.

(à Séide.)

Vous, suivez mes guerriers; et vous, jeune Palmire,
En servant votre dieu ne craignez que Zopire.

SCÈNE IV.

MAHOMET, OMAR.

MAHOMET.

Toi, reste, brave Omar : il est temps que mon cœur
De ses derniers replis t'ouvre la profondeur.
D'un siège encor douteux la lenteur ordinaire
Peut retarder ma course et borner ma carrière :
Ne donnons point le temps aux mortels détrompés
De rassurer leurs yeux de tant d'éclat frappés.
Les préjugés, ami, sont les rois du vulgaire.
Tu connais quel oracle et quel bruit populaire
Ont promis l'univers à l'envoyé d'un dieu,
Qui, reçu dans la Mecque, et vainqueur en tout lieu,
Entrerait dans ces murs en écartant la guerre ;
Je viens mettre à profit les erreurs de la terre.
Mais tandis que les miens, par de nouveaux efforts,
De ce peuple inconstant font mouvoir les ressorts,
De quel œil revois-tu Palmire avec Séide ?

OMAR.

Parmi tous ces enfants enlevés par Hercide,
Qui, formés sous ton joug et nourris dans ta loi,
N'ont de dieu que le tien, n'ont de père que toi,
Aucun ne te servit avec moins de scrupule,
N'eut un cœur plus docile, un esprit plus crédule ;
De tous tes musulmans ce sont les plus soumis.

MAHOMET.

Cher Omar, je n'ai point de plus grands ennemis.
Ils s'aiment, c'est assez.

OMAR.

Blâmes-tu leurs tendresses ?

MAHOMET.

Ah! connais mes fureurs et toutes mes faiblesses.

OMAR.

Comment?

MAHOMET.

Tu sais assez quel sentiment vainqueur
Parmi mes passions règne au fond de mon cœur.
Chargé du soin du monde, environné d'alarmes,
Je porte l'encensoir, et le sceptre, et les armes:
Ma vie est au combat, et ma frugalité
Asservit la nature à mon austérité.
J'ai banni loin de moi cette liqueur traîtresse,
Qui nourrit des humains la brutale mollesse:
Dans des sables brûlants, sur des rochers déserts,
Je supporte avec toi l'inclémence des airs.
L'amour seul me console; il est ma récompense
L'objet de mes travaux, l'idole que j'encense,
Le dieu de Mahomet; et cette passion
Est égale aux fureurs de mon ambition.
Je préfère en secret Palmire à mes épouses.
Conçois-tu bien l'excès de mes fureurs jalouses,
Quand Palmire à mes pieds, par un aveu fatal,
Insulte à Mahomet et lui donne un rival?

OMAR.

Et tu n'es pas vengé?

MAHOMET.

Juge si je dois l'être.
Pour le mieux détester, apprends à le connaître.
De mes deux ennemis apprends tous les forfaits:
Tous deux sont nés ici du tyran que je hais.

OMAR.

Quoi! Zopire....

MAHOMET.

Est leur père : Hercide en ma puissance
Remit depuis quinze ans leur malheureuse enfance.
J'ai nourri dans mon sein ces serpents dangereux;
Déja sans se connaître ils m'outragent tous deux.
J'attisai de mes mains leurs feux illégitimes.
Le ciel voulut ici rassembler tous les crimes.
Je veux.... Leur père vient; ses yeux lancent vers nous
Les regards de la haine, et les traits du courroux.
Observe tout, Omar, et qu'avec son escorte
Le vigilant Hercide assiège cette porte.
Reviens me rendre compte, et voir s'il faut hâter
Ou retenir les coups que je dois lui porter.

SCÈNE V.

ZOPIRE, MAHOMET.

ZOPIRE.

Ah ! quel fardeau cruel à ma douleur profonde !
Moi, recevoir ici cet ennemi du monde !

MAHOMET.

Approche, et puisqu'enfin le ciel veut nous unir,
Vois Mahomét sans crainte, et parle sans rougir.

ZOPIRE.

Je rougis pour toi seul, pour toi dont l'artifice
A traîné ta patrie au bord du précipice :
Pour toi de qui la main sème ici les forfaits,
Et fait naître la guerre au milieu de la paix.
Ton nom seul parmi nous divise les familles,
Les époux, les parents, les mères, et les filles;
Et la trève pour toi n'est qu'un moyen nouveau
Pour venir dans nos cœurs enfoncer le couteau.

La discorde civile est partout sur ta trace.
Assemblage inouï de mensonge et d'audace,
Tyran de ton pays, est-ce ainsi qu'en ce lieu
Tu viens donner la paix et m'annoncer un dieu?

MAHOMET.

Si j'avais à répondre à d'autres qu'à Zopire,
Je ne ferais parler que le dieu qui m'inspire;
Le glaive et l'alcoran, dans mes sanglantes mains,
Imposeraient silence au reste des humains;
Ma voix ferait sur eux les effets du tonnerre
Et je verrais leurs fronts attachés à la terre :
Mais je te parle en homme, et sans rien déguiser;
Je me sens assez grand pour ne pas t'abuser.
Vois quel est Mahomet : nous sommes seuls; écoute :
Je suis ambitieux; tout homme l'est, sans doute;
Mais jamais roi, pontife, ou chef, ou citoyen,
Ne conçut un projet aussi grand que le mien.
Chaque peuple à son tour a brillé sur la terre,
Par les lois, par les arts, et surtout par la guerre;
Le temps de l'Arabie est à la fin venu.
Ce peuple généreux, trop long-temps inconnu,
Laissait dans ses déserts ensevelir sa gloire;
Voici les jours nouveaux marqués pour la victoire.
Vois du nord au midi l'univers désolé,
La Perse encor sanglante, et son trône ébranlé,
L'Inde esclave et timide, et l'Égypte abaissée,
Des murs de Constantin la splendeur éclipsée;
Vois l'empire romain tombant de toutes parts,
Ce grand corps déchiré, dont les membres épars
Languissent dispersés sans honneur et sans vie :
Sur ces débris du monde élevons l'Arabie.

Il faut un nouveau culte, il faut de nouveaux fers;
Il faut un nouveau dieu pour l'aveugle univers.
 En Égypte Osiris, Zoroastre en Asie,
Chez les Crétois Minos, Numa dans l'Italie,
A des peuples sans mœurs, et sans culte, et sans rois,
Donnèrent aisément d'insuffisantes lois.
Je viens après mille ans changer ces lois grossières.
J'apporte un joug plus noble aux nations entières.
J'abolis les faux dieux; et mon culte épuré,
De ma grandeur naissante est le premier degré.
Ne me reproche point de tromper ma patrie;
Je détruis sa faiblesse et son idolâtrie:
Sous un roi, sous un dieu, je viens la réunir,
Et, pour la rendre illustre, il la faut asservir.

ZOPIRE.

Voilà donc tes desseins! c'est donc toi dont l'audace
De la terre à ton gré prétend changer la face!
Tu veux, en apportant le carnage et l'effroi,
Commander aux humains de penser comme toi:
Tu ravages le monde, et tu prétends l'instruire.
Ah! si par des erreurs il s'est laissé séduire,
Si la nuit du mensonge a pu nous égarer,
Par quels flambeaux affreux veux-tu nous éclairer?
Quel droit as-tu reçu d'enseigner, de prédire,
De porter l'encensoir, et d'affecter l'empire?

MAHOMET.

Le droit qu'un esprit vaste, et ferme en ses desseins,
A sur l'esprit grossier des vulgaires humains.

ZOPIRE.

Et quoi! tout factieux, qui pense avec courage,
Doit donner aux mortels un nouvel esclavage?
Il a droit de tromper, s'il trompe avec grandeur?

MAHOMET.

Oui; je connais ton peuple, il a besoin d'erreur;
Ou véritable ou faux, mon culte est nécessaire.
Que t'ont produit tes dieux? quel bien t'ont-ils pu faire?
Quels lauriers vois-tu croître au pied de leurs autels:
Ta secte obscure et basse avilit les mortels,
Énerve le courage, et rend l'homme stupide;
La mienne élève l'ame et la rend intrépide.
Ma loi fait des héros.

ZOPIRE.

Dis plutôt des brigands.
Porte ailleurs tes leçons, l'école des tyrans;
Va vanter l'imposture à Médine où tu règnes,
Où tes maîtres séduits marchent sous tes enseignes.
Où tu vois tes égaux à tes pieds abattus.

MAHOMET.

Des égaux! dès long-temps Mahomet n'en a plus.
Je fais trembler la Mecque, et je règne à Médine;
Crois-moi, reçois la paix, si tu crains ta ruine.

ZOPIRE.

La paix est dans ta bouche, et ton cœur en est loin:
Penses-tu me tromper?

MAHOMET.

Je n'en ai pas besoin.
C'est le faible qui trompe, et le puissant commande.
Demain j'ordonnerai ce que je te demande;
Demain je puis te voir à mon joug asservi:
Aujourd'hui Mahomet veut être ton ami.

ZOPIRE.

Nous amis! nous, cruel! ah, quel nouveau prestige!
Connais-tu quelque dieu qui fasse un tel prodige?

MAHOMET.

J'en connais un puissant, et toujours écouté,
Qui te parle avec moi.

ZOPIRE.

Qui?

MAHOMET.

La nécessité,
Ton intérêt.

ZOPIRE.

Avant qu'un tel nœud nous rassemble,
Les enfers et les cieux seront unis ensemble.
L'intérêt est ton dieu, le mien est l'équité;
Entre ces ennemis il n'est point de traité.
Quel serait le ciment, réponds-moi, si tu l'oses,
De l'horrible amitié qu'ici tu me proposes?
Réponds; est-ce ton fils que mon bras te ravit?
Est-ce le sang des miens que ta main répandit?

MAHOMET.

Oui, ce sont tes fils même. Oui, connais un mystère
Dont seul dans l'univers je suis dépositaire:
Tu pleures tes enfants, ils respirent tous deux.

ZOPIRE.

Ils vivraient! qu'as-tu dit? ô ciel! ô jour heureux!
Ils vivraient! c'est de toi qu'il faut que je l'apprenne!

MAHOMET.

Élevés dans mon camp, tous deux sont dans ma chaîne.

ZOPIRE.

Mes enfants dans tes fers! ils pourraient te servir!

MAHOMET.

Mes bienfaisantes mains ont daigné les nourrir.

ZOPIRE.

Quoi! tu n'as point sur eux étendu ta colère?

MAHOMET.

Je ne les punis point des fautes de leur père.

ZOPIRE.

Achève, éclaircis-moi, parle, quel est leur sort?

MAHOMET.

Je tiens entre mes mains et leur vie et leur mort;
Tu n'as qu'à dire un mot, et je t'en fais l'arbitre.

ZOPIRE.

Moi, je puis les sauver! à quel prix? à quel titre?
Faut-il donner mon sang? faut-il porter leurs fers?

MAHOMET.

Non, mais il faut m'aider à tromper l'univers;
Il faut rendre la Mecque, abandonner ton temple,
De la crédulité donner à tous l'exemple,
Annoncer l'Alcoran aux peuples effrayés,
Me servir en prophète, et tomber à mes pieds:
Je te rendrai ton fils, et je serai ton gendre.

ZOPIRE.

Mahomet, je suis père, et je porte un cœur tendre.
Après quinze ans d'ennuis, retrouver mes enfants,
Les revoir, et mourir dans leurs embrassements,
C'est le premier des biens pour mon ame attendrie:
Mais s'il faut à ton culte asservir ma patrie,
Ou de ma propre main les immoler tous deux,
Connais-moi, Mahomet, mon choix n'est pas douteux.
Adieu.

MAHOMET.

Fier citoyen, vieillard inexorable,
Je serai plus que toi cruel, impitoyable.

8

SCÈNE VI.

MAHOMET, OMAR.

OMAR.

Mahomet, il faut l'être ou nous sommes perdus :
Les secrets des tyrans me sont déja vendus.
Demain la trève expire, et demain l'on t'arrête ;
Demain Zopire est maître, et fait tomber ta tête.
La moitié du sénat vient de te condamner ;
N'osant pas te combattre, on t'ose assassiner.
Ce meurtre d'un héros, ils le nomment supplice ;
Et ce complot obscur, ils l'appellent justice.

MAHOMET.

Ils sentiront la mienne ; ils verront ma fureur
La persécution fit toujours ma grandeur :
Zopire périra.

OMAR.

Cette tête funeste,
En tombant à tes pieds, fera fléchir le reste.
Mais ne perds point de temps.

MAHOMET.

Mais, malgré mon courroux,
Je dois cacher la main qui va lancer les coups,
Et détourner de moi les soupçons du vulgaire.

OMAR.

Il est trop méprisable.

MAHOMET.

Il faut pourtant lui plaire ;
Et j'ai besoin d'un bras qui, par ma voix conduit,
Soit seul chargé du meurtre, et m'en laisse le fruit.

OMAR.

Pour un tel attentat je réponds de Séide.

MAHOMET.

De lui?

OMAR.

C'est l'instrument d'un pareil homicide.
Otage de Zopire, il peut seul aujourd'hui
L'aborder en secret, et te venger de lui.
Tes autres favoris, zélés avec prudence,
Pour s'exposer à tout ont trop d'expérience;
Ils sont tous dans cet âge où la maturité
Fait tomber le bandeau de la crédulité;
Il faut un cœur plus simple, aveugle avec courage,
Un esprit amoureux de son propre esclavage :
La jeunesse est le temps de ces illusions.
Séide est tout en proie aux superstitions;
C'est un lion docile à la voix qui le guide.

MAHOMET.

Le frère de Palmire?

OMAR.

Oui, lui-même, oui, Séide,
De ton fier ennemi le fils audacieux,
De son maître offensé rival incestueux.

MAHOMET.

Je déteste Séide, et son nom seul m'offense;
La cendre de mon fils me crie encor vengeance :
Mais tu connais l'objet de mon fatal amour;
Tu connais dans quel sang elle a puisé le jour.
Tu vois que dans ces lieux environnés d'abîmes
Je viens chercher un trône, un autel, des victimes;
Qu'il faut d'un peuple fier enchanter les esprits;
Qu'il faut perdre Zopire, et perdre encor son fils.

Allons, consultons bien mon intérêt, ma haine,
L'amour, l'indigne amour, qui malgré moi m'entraîne;
Et la religion, à qui tout est soumis,
Et la nécessité, par qui tout est permis.

FIN DU SECOND ACTE.

ACTE TROISIÈME.

SCÈNE I.

SÉIDE, PALMIRE.

PALMIRE.

Demeure. Quel est donc ce secret sacrifice?
Quel sang a demandé l'éternelle justice?
Ne m'abandonne pas.

SÉIDE.

Dieu daigne m'appeler.
Mon bras doit le servir; mon cœur va lui parler.
Omar veut à l'instant, par un serment terrible,
M'attacher de plus près à ce maître invincible.
Je vais jurer à dieu de mourir pour sa loi,
Et mes seconds serments ne seront que pour toi.

PALMIRE.

D'où vient qu'à ce serment je ne suis point présente?
Si je t'accompagnais, j'aurais moins d'épouvante
Omar, ce même Omar, loin de me consoler,
Parle de trahison, de sang prêt à couler,
Des fureurs du sénat, des complots de Zopire.
Les feux sont allumés, bientôt la trève expire;
Le fer cruel est prêt, on s'arme, on va frapper
Le prophète l'a dit, il ne peut nous tromper.
Je crains tout de Zopire, et je crains pour Séide.

SÉIDE.

Croirai-je que Zopire ait un cœur si perfide!

Ce matin, comme otage à ses yeux présenté,
J'admirais sa noblesse et son humanité;
Je sentais qu'en secret une force inconnue
Enlevait jusqu'à lui mon ame prévenue :
Soit respect pour son nom, soit qu'un dehors heureux
Me cachât de son cœur les replis dangereux,
Soit que, dans ces moments où je t'ai rencontrée,
Mon ame tout entière à son bonheur livrée,
Oubliant ses douleurs, et chassant tout effroi,
Ne connût, n'entendit, ne vît plus rien que toi;
Je me trouvais heureux d'être auprès de Zopire.
Je le hais d'autant plus qu'il m'avait su séduire :
Mais, malgré le courroux dont je dois m'animer,
Qu'il est dur de haïr ceux qu'on voulait aimer!

PALMIRE.

Ah! que le ciel en tout a joint nos destinées!
Qu'il a pris soin d'unir nos ames enchaînées!
Hélas! sans mon amour, sans ce tendre lien,
Sans cet instinct charmant qui joint mon cœur au tien,
Sans la religion que Mahomet m'inspire,
J'aurais eu des remords en accusant Zopire

SÉIDE.

Laissons ces vains remords, et nous abandonnons
A la voix de ce dieu qu'à l'envi nous servons.
Je sors. Il faut prêter ce serment redoutable;
Le dieu qui m'entendra nous sera favorable;
Et le pontife roi, qui veille sur nos jours,
Bénira de ses mains de si chastes amours.
Adieu. Pour être à toi, je vais tout entreprendre.

SCÈNE II.

PALMIRE.

D'UN noir pressentiment je ne puis me défendre.
Cet amour dont l'idée avait fait mon bonheur,
Ce jour tant souhaité n'est qu'un jour de terreur.
Quel est donc ce serment qu'on attend de Séide?
Tout m'est suspect ici; Zopire m'intimide.
J'invoque Mahomet; et cependant mon cœur
Éprouve à son nom même une secrète horreur
Dans les profonds respects que ce héros m'inspire,
Je sens que je le crains presque autant que Zopire.
Délivre-moi, grand dieu! de ce trouble où je suis;
Craintive je te sers, aveugle je te suis:
Hélas! daigne essuyer les pleurs où je me noie!

SCÈNE III.

MAHOMET, PALMIRE.

PALMIRE.

C'EST vous qu'à mon secours un dieu propice envoie,
Seigneur. Séide....

MAHOMET.

Eh bien! d'où vous vient cet effroi?
Et que craint-on pour lui, quand on est près de moi?

PALMIRE.

O ciel! vous redoublez la douleur qui m'agite.
Quel prodige inouï! votre ame est interdite;
Mahomet est troublé pour la première fois.

MAHOMET.

Je devrais l'être au moins du trouble où je vous vois.

Est-ce ainsi qu'à mes yeux votre simple innocence
Ose avouer un feu qui peut-être m'offense ?
Votre cœur a-t-il pu, sans être épouvanté,
Avoir un sentiment que je n'ai pas dicté ?
Ce cœur que j'ai formé n'est-il plus qu'un rebelle,
Ingrat à mes bienfaits, à mes lois infidèle ?

PALMIRE.

Que dites-vous ? surprise et tremblante à vos pieds,
Je baisse en frémissant mes regards effrayés.
Et quoi ! n'avez-vous pas daigné, dans ce lieu même,
Vous rendre à nos souhaits, et consentir qu'il m'aime ?
Ces nœuds, ces chastes nœuds, que dieu formait en nous,
Sont un lien de plus qui nous attache à vous

MAHOMET.

Redoutez des liens formés par l'imprudence.
Le crime quelquefois suit de près l'innocence.
Le cœur peut se tromper ; l'amour et ses douceurs
Pourront coûter, Palmire, et du sang et des pleurs.

PALMIRE.

N'en doutez pas, mon sang coulerait pour Séide.

MAHOMET

Vous l'aimez à ce point ?

PALMIRE.

Depuis le jour qu'Hercide
Nous soumit l'un et l'autre à votre joug sacré,
Cet instinct tout-puissant, de nous-même ignoré,
Devançant la raison, croissant avec notre âge,
Du ciel, qui conduit tout, fut le secret ouvrage.
Nos penchants, dites-vous, ne viennent que de lui :
Dieu ne saurait changer ; pourrait-il aujourd'hui
Réprouver un amour que lui-même il fit naître ?

Ce qui fut innocent peut-il cesser de l'être?
Pourrais-je être coupable?

MAHOMET.

Oui. Vous devez trembler
Attendez les secrets que je dois révéler;
Attendez que ma voix veuille enfin vous apprendre
Ce qu'on peut approuver, ce qu'on doit se défendre.
Ne croyez que moi seul.

PALMIRE.

Et qui croire que vous?
Esclave de vos lois, soumise, à vos genoux,
Mon cœur d'un saint respect ne perd point l'habitude.

MAHOMET.

Trop de respect souvent mène à l'ingratitude.

PALMIRE.

Non, si de vos bienfaits je perds le souvenir,
Que Séide à vos yeux s'empresse à m'en punir!

MAHOMET.

Séide!

PALMIRE.

Ah! quel courroux arme votre œil sévère?

MAHOMET.

Allez, rassurez-vous, je n'ai point de colère.
C'est éprouver assez vos sentiments secrets;
Reposez-vous sur moi de vos vrais intérêts:
Je suis digne du moins de votre confiance.
Vos destins dépendront de votre obéissance.
Si j'eus soin de vos jours, si vous m'appartenez,
Méritez des bienfaits qui vous sont destinés.
Quoi que la voix du ciel ordonne de Séide,
Affermissez ses pas où son devoir le guide:
Qu'il garde ses serments; qu'il soit digne de vous.

PALMIRE.

N'en doutez point, mon père, il les remplira tous :
Je réponds de son cœur ainsi que de moi-même.
Séide vous adore encor plus qu'il ne m'aime ;
Il voit en vous son roi, son père, son appui :
J'en atteste à vos pieds l'amour que j'ai pour lui.
Je cours à vous servir encourager son ame.

SCÈNE IV

MAHOMET.

Quoi ! je suis malgré moi confident de sa flamme !
Quoi ! sa naïveté, confondant ma fureur,
Enfonce innocemment le poignard dans mon cœur
Père, enfants, destinés au malheur de ma vie,
Race toujours funeste, et toujours ennemie,
Vous allez éprouver, dans cet horrible jour,
Ce que peut à la fois ma haine et mon amour

SCÈNE V.

MAHOMET, OMAR.

OMAR.

Enfin voici le temps et de ravir Palmire,
Et d'envahir la Mecque, et de punir Zopire :
Sa mort seule à tes pieds mettra nos citoyens ;
Tout est désespéré, si tu ne le préviens.
Le seul Séide ici te peut servir, sans doute ;
Il voit souvent Zopire, il lui parle, il l'écoute
Tu vois cette retraite, et cet obscur détour
Qui peut de ton palais conduire à son séjour ;
Là, cette nuit, Zopire à ses dieux fantastiques
Offre un encens frivole et des vœux chimériques

Là, Séide, enivré du zèle de ta loi,
Va l'immoler au dieu qui lui parle par toi.

MAHOMET.

Qu'il l'immole, il le faut; il est né pour le crime :
Qu'il en soit l'instrument, qu'il en soit la victime.
Ma vengeance, mes feux, ma loi, ma sûreté,
L'irrévocable arrêt de la fatalité,
Tout le veut. Mais crois-tu que son jeune courage
Nourri du fanatisme, en ait toute la rage?

OMAR.

Lui seul était formé pour remplir ton dessein.
Palmire à te servir excite encor sa main.
L'amour, le fanatisme, aveuglent sa jeunesse;
Il sera furieux par excès de faiblesse.

MAHOMET.

Par les nœuds des serments as-tu lié son cœur?

OMAR.

Du plus saint appareil la ténébreuse horreur,
Les autels, les serments, tout enchaîne Séide.
J'ai mis un fer sacré dans sa main parricide,
Et la religion le remplit de fureur.
Il vient.

SCÈNE VI.

MAHOMET, OMAR, SÉIDE.

MAHOMET.

Enfant d'un dieu qui parle à votre cœur,
Écoutez par ma voix sa volonté suprême;
Il faut venger son culte, il faut venger dieu même.

SÉIDE.

Roi, pontife et prophète, à qui je suis voué,
Maître des nations par le ciel avoué,

Vous avez sur mon être une entière puissance :
Eclairez seulement ma docile ignorance.
Un mortel venger dieu !

MAHOMET.

C'est par vos faibles mains
Qu'il veut épouvanter les profanes humains.

SÉIDE.

Ah ! sans doute, ce dieu dont vous êtes l'image,
Va d'un combat illustre honorer mon courage.

MAHOMET.

Faites ce qu'il ordonne ; il n'est point d'autre honneur.
De ses décrets divins aveugle exécuteur,
Adorez et frappez ; vos mains seront armées
Par l'ange de la mort et le dieu des armées.

SÉIDE.

Parlez : quels ennemis vous faut-il immoler ?
Quel tyran faut-il perdre ? et quel sang doit couler ?

MAHOMET.

Le sang du meurtrier que Mahomet abhorre,
Qui nous persécuta, qui nous poursuit encore,
Qui combattit mon dieu, qui massacra mon fils ;
Le sang du plus cruel de tous nos ennemis
De Zopire.

SÉIDE.

De lui ! quoi ! mon bras....

MAHOMET.

Téméraire,
On devient sacrilège alors qu'on délibère.
Loin de moi les mortels assez audacieux
Pour juger par eux-même et pour voir par leurs yeux.
Quiconque ose penser n'est pas né pour me croire.
Obéir en silence est votre seule gloire.

Savez-vous qui je suis? Savez-vous en quels lieux
Ma voix vous a chargé des volontés des cieux?
Si, malgré ses erreurs et son idolâtrie,
Des peuples d'Orient la Mecque est la patrie;
Si ce temple du monde est promis à ma loi;
Si dieu m'en a créé le pontife et le roi;
Si la Mecque est sacrée, en savez-vous la cause?
Ibrahim y naquit, et sa cendre y repose:
Ibrahim, dont le bras docile à l'Eternel
Traîna son fils unique aux marches de l'autel,
Étouffant pour son dieu les cris de la nature.
Et quand ce dieu par vous veut venger son injure,
Quand je demande un sang à lui seul adressé,
Quand dieu vous a choisi, vous avez balancé!
Allez, vil idolâtre, et né pour toujours l'être,
Indigne musulman, cherchez un autre maître.
Le prix était tout prêt; Palmire était à vous:
Mais vous bravez Palmire et le ciel en courroux
Lâche et faible instrument des vengeances suprêmes,
Les traits que vous portez vont tomber sur vous-mêmes;
Fuyez, servez, rampez sous mes fiers ennemis.

SÉIDE.

Je crois entendre dieu; tu parles, j'obéis.

MAHOMET.

Obéissez, frappez: teint du sang d'un impie,
Méritez par sa mort une éternelle vie.
(à Omar.)
Ne l'abandonne pas; et non loin de ces lieux
Sur tous ses mouvements ouvre toujours les yeux.

SCÈNE VII.

SÉIDE.

IMMOLER un vieillard, de qui je suis l'otage,
Sans armes, sans défense, appesanti par l'âge!
N'importe; une victime amenée à l'autel
Y tombe sans défense, et son sang plaît au ciel.
Enfin Dieu m'a choisi pour ce grand sacrifice:
J'en ai fait le serment; il faut qu'il s'accomplisse.
Venez à mon secours, ô vous, de qui le bras
Aux tyrans de la terre a donné le trépas;
Ajoutez vos fureurs à mon zèle intrépide;
Affermissez ma main saintement homicide.
Ange de Mahomet, ange exterminateur,
Mets ta férocité dans le fond de mon cœur.
Ah! que vois-je?

SCÈNE VIII.

ZOPIRE, SÉIDE.

ZOPIRE.

A mes yeux tu te troubles, Séide!
Vois d'un œil plus content le dessein qui me guide;
Otage infortuné, que le sort m'a remis,
Je te vois à regret parmi mes ennemis.
La trève a suspendu le moment du carnage;
Ce torrent retenu peut s'ouvrir un passage:
Je ne t'en dis pas plus; mais mon cœur, malgré moi
A frémi des dangers assemblés près de toi.
Cher Séide, en un mot, dans cette horreur publique,
Souffre que ma maison soit ton asile unique.

Je réponds de tes jours ; ils me sont précieux ;
Ne me refuse pas.

SÉIDE.

Ô mon devoir ! ô cieux !
Ah, Zopire ! est-ce vous qui n'avez d'autre envie
Que de me protéger, de veiller sur ma vie ?
Prêt à verser son sang, qu'ai-je ouï ? qu'ai-je vu ?
Pardonne, Mahomet, tout mon cœur s'est ému.

ZOPIRE.

De ma pitié pour toi tu t'étonnes peut-être ;
Mais enfin je suis homme, et c'est assez de l'être
Pour aimer à donner des soins compatissants
A des cœurs malheureux que l'on croit innocents.
Exterminez, grands dieux, de la terre où nous sommes
Quiconque avec plaisir répand le sang des hommes !

SÉIDE.

Que ce langage est cher à mon cœur combattu !
L'ennemi de mon dieu connaît donc la vertu !

ZOPIRE.

Tu la connais bien peu, puisque tu t'en étonnes.
Mon fils, à quelle erreur, hélas ! tu t'abandonnes !
Ton esprit, fasciné par les lois d'un tyran,
Pense que tout est crime hors d'être musulman.
Cruellement docile aux leçons de ton maître,
Tu m'avais en horreur avant de me connaître ;
Avec un joug de fer, un affreux préjugé
Tient ton cœur innocent dans le piège engagé.
Je pardonne aux erreurs où Mahomet t'entraîne ;
Mais peux-tu croire un dieu qui commande la haine ?

SÉIDE.

Ah ! je sens qu'à ce dieu je vais désobéir ;
Non, seigneur, non, mon cœur ne saurait vous haïr.

ZOPIRE.

Hélas! plus je lui parle, et plus il m'intéresse.
Son âge, sa candeur, ont surpris ma tendresse.
Se peut-il qu'un soldat de ce monstre imposteur
Ait trouvé malgré lui le chemin de mon cœur?
Quel es-tu? de quel sang les dieux t'ont-ils fait naître?

SÉIDE.

Je n'ai point de parents, seigneur, je n'ai qu'un maître,
Que jusqu'à ce moment j'avais toujours servi,
Mais qu'en vous écoutant ma faiblesse a trahi.

ZOPIRE.

Quoi! tu ne connais point de qui tu tiens la vie?

SÉIDE.

Son camp fut mon berceau; son temple est ma patrie;
Je n'en connais point d'autre; et, parmi ces enfants
Qu'en tribut à mon maître on offre tous les ans,
Nul n'a plus que Séide éprouvé sa clémence.

ZOPIRE.

Je ne puis le blâmer de sa reconnaissance.
Oui, les bienfaits, Séide, ont des droits sur un cœur.
Ciel! pourquoi Mahomet fut-il son bienfaiteur?
Il t'a servi de père, aussi bien qu'à Palmire:
D'où vient que tu frémis, et que ton cœur soupire?
Tu détournes de moi ton regard égaré;
De quelque grand remords tu sembles déchiré.

SÉIDE.

Eh! qui n'en aurait pas dans ce jour effroyable!

ZOPIRE.

Si tes remords sont vrais, ton cœur n'est plus coupable.
Viens; le sang va couler; je veux sauver le tien.

SÉIDE.

Juste ciel! et c'est moi qui répandrais le sien!
O serments! ô Palmire! ô vous, dieu des vengeances!

ZOPIRE.

Remets-toi dans mes mains; tremble, si tu balances;
Pour la dernière fois, viens, ton sort en dépend.

SCÈNE IX.

ZOPIRE, SÉIDE, OMAR, SUITE.

OMAR, *entrant avec précipitation.*

Traître, que faites-vous? Mahomet vous attend.

SÉIDE.

Où suis-je! ô ciel! où suis-je! et que dois-je résoudre?
D'un et d'autre côté je vois tomber la foudre.
Où courir? où porter un trouble si cruel?
Où fuir?

OMAR.

Aux pieds du roi qu'a choisi l'Éternel.

SÉIDE.

Oui, j'y cours abjurer un serment que j'abhorre.

SCÈNE X

ZOPIRE.

Ah, Séide! où vas-tu? Mais il me fuit encore;
Il sort désespéré, frappé d'un sombre effroi,
Et mon cœur qui le suit s'échappe loin de moi.
Ses remords, ma pitié, son aspect, son absence
A mes sens déchirés font trop de violence.
Suivons ses pas.

SCÈNE XI

ZOPIRE, PHANOR.

PHANOR.

Lisez ce billet important
Qu'un Arabe en secret m'a donné dans l'instant.

ZOPIRE.

Hercide! qu'ai-je lu? Grands dieux, vôtre clémence
Répare-t-elle enfin soixante ans de souffrance?
Hercide veut me voir! lui, dont le bras cruel
Arracha mes enfants à ce sein paternel!
Ils vivent! Mahomet les tient sous sa puissance;
Et Séide et Palmire ignorent leur naissance!
Mes enfants! tendre espoir que je n'ose écouter!
Je suis trop malheureux, je crains de me flatter.
Pressentiment confus, faut-il que je vous croie?
O mon sang! où porter mes larmes et ma joie?
Mon cœur ne peut suffire à tant de mouvements;
Je cours, et je suis prêt d'embrasser mes enfants.
Je m'arrête, j'hésite, et ma douleur craintive
Prête à la voix du sang une oreille attentive.
Allons. Voyons Hercide au milieu de la nuit;
Qu'il soit sous cette voûte en secret introduit,
Au pied de cet autel, où les pleurs de ton maître
Ont fatigué les dieux, qui s'apaisent peut-être.
Dieux! rendez-moi mes fils : dieux, rendez aux vertus
Deux cœurs nés généreux, qu'un traître a corrompus.
S'ils ne sont point à moi, si telle est ma misère,
Je les veux adopter, je veux être leur père.

FIN DU TROISIÈME ACTE.

ACTE QUATRIÈME.

SCÈNE I.

MAHOMET, OMAR.

OMAR.

Oui, de ce grand secret la trame est découverte;
Ta gloire est en danger, ta tombe est entr'ouverte.
Séide obéira : mais avant que son cœur,
Raffermi par ta voix, eût repris sa fureur,
Séide a révélé cet horrible mystère.

MAHOMET.

O ciel!

OMAR.

Hercide l'aime : il lui tient lieu de père.

MAHOMET.

Eh bien! que pense Hercide?

OMAR.

Il paraît effrayé.
Il semble pour Zopire avoir quelque pitié.

MAHOMET.

Hercide est faible; ami, le faible est bientôt traître.
Qu'il tremble, il est chargé du secret de son maître.
Je sais comme on écarte un témoin dangereux.
Suis-je en tout obéi?

OMAR.

J'ai fait ce que tu veux.

MAHOMET.

Préparons donc le reste. Il faut que dans une heure
On nous traîne au supplice, ou que Zopire meure.

S'il meurt, c'en est assez ; tout ce peuple éperdu
Adorera mon dieu, qui m'aura défendu.
Voilà le premier pas ; mais sitôt que Séide
Aura rougi ses mains de ce grand homicide,
Réponds-tu qu'au trépas Séide soit livré ?
Réponds-tu du poison qui lui fut préparé ?

OMAR.

N'en doute point.

MAHOMET.

Il faut que nos mystères sombres
Soient cachés dans la mort, et couverts de ses ombres.
Mais tout prêt à frapper, prêt à percer le flanc
Dont Palmire a tiré la source de son sang,
Prends soin de redoubler son heureuse ignorance :
Épaississons la nuit qui voile sa naissance,
Pour son propre intérêt, pour moi, pour mon bonheur
Mon triomphe en tout temps est fondé sur l'erreur.
Elle naquit en vain de ce sang que j'abhorre :
On n'a point de parents alors qu'on les ignore.
Les cris du sang, sa force et ses impressions,
Des cœurs toujours trompés sont les illusions.
La nature à mes yeux n'est rien que l'habitude ;
Celle de m'obéir fit son unique étude :
Je lui tiens lieu de tout. Qu'elle passe en mes bras
Sur la cendre des siens, qu'elle ne connaît pas.
Son cœur même en secret, ambitieux peut-être,
Sentira quelque orgueil à captiver son maître.
Mais déja l'heure approche où Séide en ces lieux
Doit m'immoler son père à l'aspect de ses dieux
Retirons-nous.

OMAR.

Tu vois sa démarche égarée ;
De l'ardeur d'obéir son âme est dévorée.

SCÈNE II.

MAHOMET, OMAR, *sur le devant, mais retirés de côté;* SÉIDE, *dans le fond.*

SÉIDE.

Il le faut donc remplir ce terrible devoir!

MAHOMET.

Viens, et par d'autres coups assurons mon pouvoir.
(il sort avec Omar.)

SEIDE, *seul.*

A tout ce qu'ils m'ont dit je n'ai rien à répondre.
Un mot de Mahomet suffit pour me confondre.
Mais quand il m'accablait de cette sainte horreur,
La persuasion n'a point rempli mon cœur.
Si le ciel a parlé, j'obéirai sans doute;
Mais quelle obeissance! ô ciel! et qu'il en coûte!

SCÈNE III.

SÉIDE, PALMIRE.

SÉIDE.

PALMIRE, que veux-tu? Quel funeste transport!
Qui t'amène en ces lieux consacrés à la mort?

PALMIRE.

Séide, la frayeur et l'amour sont mes guides;
Mes pleurs baignent tes mains saintement homicides.
Quel sacrifice horrible, hélas! faut-il offrir?
A Mahomet, à dieu, tu vas donc obéir?

SÉIDE.

O de mes sentiments souveraine adorée,
Parlez, déterminez ma fureur égarée;

Éclairez mon esprit, et conduisez mon bras;
Tenez-moi lieu d'un dieu que je ne comprends pas.
Pourquoi m'a-t-il choisi? ce terrible prophète
D'un ordre irrévocable est-il donc l'interprète?

PALMIRE.

Tremblons d'examiner. Mahomet voit nos cœurs;
Il entend nos soupirs, il observe mes pleurs.
Chacun redoute en lui la divinité même;
C'est tout ce que je sais; le doute est un blasphème:
Et le dieu qu'il annonce avec tant de hauteur,
Séide, est le vrai dieu, puisqu'il le rend vainqueur.

SÉIDE.

Il l'est, puisque Palmire et le croit et l'adore.
Mais mon esprit confus ne conçoit point encore
Comment ce dieu si bon, ce père des humains,
Pour un meurtre effroyable a réservé mes mains.
Je ne le sais que trop, que mon doute est un crime
Qu'un prêtre sans remords égorge sa victime,
Que par la voix du ciel Zopire est condamné,
Qu'à soutenir ma loi j'étais prédestiné.
Mahomet s'expliquait, il a fallu me taire;
Et, tout fier de servir la céleste colère,
Sur l'ennemi de dieu je portais le trépas;
Un autre dieu, peut-être, a retenu mon bras.
Du moins, lorsque j'ai vu ce malheureux Zopire,
De ma religion j'ai senti moins l'empire.
Vainement mon devoir au meurtre m'appelait;
A mon cœur éperdu l'humanité parlait.
Mais avec quel courroux, avec quelle tendresse,
Mahomet de mes sens accuse la faiblesse!
Avec quelle grandeur, et quelle autorité,
Sa voix vient d'endurcir ma sensibilité!

Que la religion est terrible et puissante!
J'ai senti la fureur en mon cœur renaissante.
Palmire, je suis faible, et du meurtre effrayé;
De ces saintes fureurs je passe à la pitié;
De sentiments confus une foule m'assiège:
Je crains d'être barbare, ou d'être sacrilège.
Je ne me sens point fait pour être un assassin
Mais quoi! dieu me l'ordonne, et j'ai promis ma main;
J'en verse encor des pleurs de douleur et de rage.
Vous me voyez, Palmire, en proie à cet orage,
Nageant dans le reflux des contrariétés,
Qui pousse et qui retient mes faibles volontés.
C'est à vous de fixer mes fureurs incertaines:
Nos cœurs sont réunis par les plus fortes chaînes;
Mais, sans ce sacrifice à mes mains imposé,
Le nœud qui nous unit est à jamais brisé;
Ce n'est qu'à ce seul prix que j'obtiendrai Palmire.

PALMIRE.

Je suis le prix du sang du malheureux Zopire!

SÉIDE.

Le ciel et Mahomet ainsi l'ont arrêté.

PALMIRE.

L'amour est-il donc fait pour tant de cruauté?

SÉIDE.

Ce n'est qu'au meurtrier que Mahomet te donne.

PALMIRE.

Quelle effroyable dot!

SÉIDE.

Mais si le ciel l'ordonne?
Si je sers et l'amour et la religion?

PALMIRE.

Hélas!

SÉIDE.

Vous connaissez la malédiction
Qui punit à jamais la désobéissance.

PALMIRE.

Si dieu même en tes mains a remis sa vengeance,
S'il exige le sang que ta bouche a promis..

SÉIDE.

Eh bien! pour être à toi que faut-il?

PALMIRE.

Je frémis.

SÉIDE.

Je t'entends, son arrêt est parti de ta bouche.

PALMIRE.

Qui, moi?

SÉIDE.

Tu l'as voulu.

PALMIRE.

Dieu! quel arrêt farouche!
Que t'ai-je dit?

SÉIDE.

Le ciel vient d'emprunter ta voix;
C'est son dernier oracle, et j'accomplis ses lois.
Voici l'heure où Zopire à cet autel funeste
Doit prier en secret des dieux que je déteste.
Palmire, éloigne-toi.

PALMIRE.

Je ne puis te quitter.

SÉIDE.

Ne vois point l'attentat qui va s'exécuter:
Ces moments sont affreux. Va, fuis; cette retraite
Est voisine des lieux qu'habite le prophète.
Va, dis-je.

PALMIRE.

Ce vieillard va donc être immolé!

SÉIDE.

De ce grand sacrifice ainsi l'ordre est réglé;
Il le faut de ma main traîner sur la poussière,
De trois coups dans le sein lui ravir la lumière,
Renverser dans son sang cet autel dispersé.

PALMIRE.

Lui, mourir par tes mains! tout mon sang s'est glacé.
Le voici, juste ciel!....

(Le fond du théâtre s'ouvre. On voit un autel.)

SCÈNE IV.

ZOPIRE, SÉIDE, PALMIRE, *sur le devant.*

ZOPIRE, *près de l'autel.*

O dieux de ma patrie!
Dieux prêts à succomber sous une secte impie,
C'est pour vous-même ici que ma débile voix
Vous implore aujourd'hui pour la dernière fois.
La guerre va renaître, et ses mains meurtrières
De cette faible paix vont briser les barrières.
Dieux! si d'un scélérat vous respectez le sort....

SÉIDE, *à Palmire.*

Tu l'entends qui blasphème?

ZOPIRE.

Accordez-moi la mort,
Mais rendez-moi mes fils à mon heure dernière;
Que j'expire en leurs bras; qu'ils ferment ma paupière.
Hélas! si j'en croyais mes secrets sentiments,
Si vos mains en ces lieux ont conduit mes enfants....

PALMIRE, *à Séide.*

Que dit-il? ses enfants!

ZOPIRE.

O mes dieux que j'adore!
Je mourrais du plaisir de les revoir encore.
Arbitre des destins, daignez veiller sur eux;
Qu'ils pensent comme moi, mais qu'ils soient plus heureux!

SÉIDE.

Il court à ses faux dieux! frappons.
(il tire son poignard.)

PALMIRE.

Que vas-tu faire?
Hélas!

SÉIDE.

Servir le ciel, te mériter, te plaire.
Ce glaive à notre dieu vient d'être consacré;
Que l'ennemi de dieu soit par lui massacré!
Marchons. Ne vois-tu pas dans ces demeures sombres
Ces traits de sang, ce spectre, et ces errantes ombres?

PALMIRE.

Que dis-tu?

SÉIDE.

Je vous suis, ministres du trépas:
Vous me montrez l'autel; vous conduisez mon bras.
Allons.

PALMIRE.

Non; trop d'horreur entre nous deux s'assemble.
Demeure.

SÉIDE.

Il n'est plus temps; avançons: l'autel tremble.

PALMIRE.

Le ciel se manifeste, il n'en faut pas douter.

SÉIDE.

Me pousse-t-il au meurtre, ou veut-il m'arrêter?
Du prophète de dieu la voix se fait entendre;
Il me reproche un cœur trop flexible et trop tendre.
Palmire!

PALMIRE.

Eh bien?

SÉIDE.

Au ciel adressez tous vos vœux.
Je vais frapper.

(il sort, et va derrière l'autel où est Zopire.)

PALMIRE.

Je meurs! O moment douloureux!
Quelle effroyable voix dans mon ame s'élève!
D'où vient que tout mon sang malgré moi se soulève!
Si le ciel veut un meurtre, est-ce à moi d'en juger?
Est-ce à moi de m'en plaindre, et de l'interroger?
J'obéis. D'où vient donc que le remords m'accable?
Ah! quel cœur sait jamais s'il est juste ou coupable?
Je me trompe, ou les coups sont portés cette fois;
J'entends les cris plaintifs d'une mourante voix.
Séide.... hélas!....

SÉIDE *revient d'un air égaré.*

Où suis-je? et quelle voix m'appelle?
Je ne vois point Palmire; un dieu m'a privé d'elle.

PALMIRE.

Eh quoi! méconnais-tu celle qui vit pour toi?

SÉIDE.

Où sommes-nous?

PALMIRE.

Eh bien! cette effroyable loi,
Cette triste promesse est-elle enfin remplie?

SÉIDE.

Que me dis-tu ?

PALMIRE.

Zopire a-t-il perdu la vie ?

SÉIDE.

Qui ? Zopire !

PALMIRE.

Ah ! grand dieu ! dieu de sang altéré,
Ne persécutez point son esprit égaré.
Fuyons d'ici.

SÉIDE.

Je sens que mes genoux s'affaissent.
(il s'assied.)
Ah ! je revois le jour, et mes forces renaissent.
Quoi ! c'est vous ?

PALMIRE.

Qu'as-tu fait ?

SÉIDE.

(il se relève.)
Moi ! je viens d'obéir..
D'un bras désespéré je viens de le saisir.
Par ses cheveux blanchis j'ai traîné ma victime.
O ciel ! tu l'as voulu ! peux-tu vouloir un crime ?
Tremblant, saisi d'effroi, j'ai plongé dans son flanc
Ce glaive consacré qui dut verser son sang.
J'ai voulu redoubler ; ce vieillard vénérable
A jeté dans mes bras un cri si lamentable !
La nature a tracé dans ses regards mourants
Un si grand caractère, et des traits si touchants !....
De tendresse et d'effroi mon ame s'est remplie,
Et, plus mourant que lui, je déteste ma vie.

PALMIRE.

Fuyons vers Mahomet qui doit nous protéger :
Près de ce corps sanglant vous êtes en danger.
Suivez-moi.

SÉIDE.

Je ne puis. Je me meurs. Ah! Palmire !...

PALMIRE.

Quel trouble épouvantable à mes yeux le déchire!

SÉIDE, *en pleurant.*

Ah! si tu l'avais vu, le poignard dans le sein,
S'attendrir à l'aspect de son lâche assassin!
Je fuyais. Croirais-tu que sa voix affaiblie
Pour m'appeler encore a ranimé sa vie?
Il retirait ce fer de ses flancs malheureux.
Hélas! il m'observait d'un regard douloureux.
Cher Séide, a-t-il dit, infortuné Séide!
Cette voix, ces regards, ce poignard homicide,
Ce vieillard attendri, tout sanglant à mes pieds,
Poursuivent devant toi mes regards effrayés.
Qu'avons-nous fait!

PALMIRE.

On vient; je tremble pour ta vie.
Fuis au nom de l'amour, et du nœud qui nous lie.

SEIDE.

Va, laisse-moi. Pourquoi cet amour malheureux
M'a-t-il pu commander ce sacrifice affreux?
Non, cruelle! sans toi, sans ton ordre suprême,
Je n'aurais pu jamais obéir au ciel même.

PALMIRE.

De quel reproche horrible oses-tu m'accabler!
Hélas! plus que le tien mon cœur se sent troubler.
Cher amant, prends pitié de Palmire éperdue!

SÉIDE.

Palmire ! quel objet vient effrayer ma vue ?

(Zopire paraît, appuyé sur l'autel, après s'être relevé derrière cet autel où il a reçu le coup.)

PALMIRE.

C'est cet infortuné, luttant contre la mort,
Qui vers nous tout sanglant se traîne avec effort.

SÉIDE.

Eh quoi ! tu vas à lui ?

PALMIRE.

De remords dévorée,
Je cède à la pitié dont je suis déchirée.
Je n'y puis résister ; elle entraîne mes sens.

ZOPIRE, *avançant et soutenu par elle.*

Hélas ! servez de guide à mes pas languissants !

(il s'assied.)

Séide, ingrat ! c'est toi qui m'arraches la vie !
Tu pleures ! ta pitié succède à ta furie !

SCÈNE V.

ZOPIRE, SÉIDE, PALMIRE, PHANOR.

PHANOR.

Ciel ! quels affreux objets se présentent à moi !

ZOPIRE.

Si je voyais Hercide !.... Ah ! Phanor, est-ce toi ?
Voilà mon assassin.

PHANOR.

O crime ! affreux mystère !
Assassin malheureux, connaissez votre père.

SÉIDE.

Qui ?

PALMIRE.

Lui?

SÉIDE.

Mon père?

ZOPIRE.

O ciel!

PHANOR.

Hercide est expirant:
Il me voit, il m'appelle; il s'écrie en mourant:
S'il en est encor temps, préviens un parricide;
Cours arracher ce fer à la main de Séide.
Malheureux confident d'un horrible secret,
Je suis puni, je meurs des mains de Mahomet:
Cours, hâte-toi d'apprendre au malheureux Zopire
Que Séide est son fils, et frère de Palmire.

SÉIDE.

Vous!

PALMIRE.

Mon frère?

ZOPIRE.

O mes fils! ô nature! ô mes dieux!
Vous ne me trompiez pas quand vous parliez pour eux.
Vous m'éclairiez sans doute. Ah! malheureux Séide!
Qui t'a pu commander cet affreux homicide?

SÉIDE, *se jetant à genoux.*

L'amour de mon devoir et de ma nation,
Et ma reconnaissance, et ma religion;
Tout ce que les humains ont de plus respectable
M'inspira des forfaits le plus abominable.
Rendez, rendez ce fer à ma barbare main.

PALMIRE *à genoux, arrêtant le bras de Séide.*

Ah, mon père! ah, seigneur! plongez-le dans mon sein

J'ai seule à ce grand crime encouragé Séide;
L'inceste était pour nous le prix du parricide,

SÉIDE.

Le ciel n'a point pour nous d'assez grands châtiments.
Frappez vos assassins.

ZOPIRE, *en les embrassant.*

J'embrasse mes enfants.
Le ciel voulut mêler, dans les maux qu'il m'envoie,
Le comble des horreurs au comble de la joie.
Je bénis mon destin; je meurs, mais vous vivez.
O vous, qu'en expirant mon cœur a retrouvés,
Séide, et vous, Palmire, au nom de la nature,
Par ce reste de sang qui sort de ma blessure,
Par ce sang paternel, par vous, par mon trépas,
Vengez-vous, vengez-moi; mais ne vous perdez pas.
L'heure approche, mon fils, où la trève rompue
Laissait à mes desseins une libre étendue:
Les dieux de tant de maux ont pris quelque pitié;
Le crime de tes mains n'est commis qu'à moitié.
Le peuple avec le jour en ces lieux va paraître;
Mon sang va les conduire; ils vont punir un traître.
Attendons ces moments.

SÉIDE.

Ah! je cours de ce pas
Vous immoler ce monstre, et hâter mon trépas;
Me punir, vous venger,

SCÈNE VI.

ZOPIRE, SÉIDE, PALMIRE, OMAR, SUITE.

OMAR.

Qu'on arrête Séide.
Secourez tous Zopire; enchaînez l'homicide.
Mahomet n'est venu que pour venger les lois.

ZOPIRE.

Ciel! quel comble du crime! et qu'est-ce que je vois?

SÉIDE.

Mahomet me punir?

PALMIRE.

Eh quoi! tyran farouche,
Après ce meurtre horrible ordonné par ta bouche!

OMAR.

On n'a rien ordonné.

SÉIDE.

Va, j'ai bien mérité
Cet exécrable prix de ma crédulité.

OMAR.

Soldats, obéissez.

PALMIRE.

Non; arrêtez. Perfide!

OMAR.

Madame, obéissez, si vous aimez Séide.
Mahomet vous protège; et son juste courroux,
Prêt à tout foudroyer, peut s'arrêter pour vous.
Auprès de votre roi, madame, il faut me suivre.

PALMIRE.

Grand dieu, de tant d'horreurs que la mort me délivre!
(On emmène Palmire et Séide.)

ZOPIRE, *à Phanor.*

On les enlève! O ciel! ô père malheureux!
Le coup qui m'assassine est cent fois moins affreux.

PHANOR.

Déja le jour renaît; tout le peuple s'avance;
On s'arme, on vient à vous, on prend votre défense.

ZOPIRE.

Quoi! Séide est mon fils!

PHANOR.

N'en doutez point.

ZOPIRE.

Hélas!
O forfaits! ô nature!.... Allons, soutiens mes pas,
Je meurs. Sauvez, grands dieux! de tant de barbarie
Mes deux enfants que j'aime, et qui m'ôtent la vie.

FIN DU QUATRIÈME ACTE.

ACTE CINQUIÈME.

SCÈNE I.

MAHOMET, OMAR, SUITE DANS LE FOND.

OMAR.

Zopire est expirant, et ce peuple éperdu
Levait déja son front dans la poudre abattu.
Tes prophètes et moi, que ton esprit inspire,
Nous désavouons tous le meurtre de Zopire.
Ici, nous l'annonçons à ce peuple en fureur
Comme un coup du Très-Haut qui s'arme en ta faveur :
Là, nous en gémissons ; nous promettons vengeance ;
Nous vantons ta justice, ainsi que ta clémence.
Partout on nous écoute, on fléchit à ton nom ;
Et ce reste importun de la sédition
N'est qu'un bruit passager de flots après l'orage,
Dont le courroux mourant frappe encor le rivage,
Quand la sérénité règne aux plaines du ciel.

MAHOMET.

Imposons à ces flots un silence éternel.
As-tu fait des remparts approcher mon armée ?

OMAR.

Elle a marché la nuit vers la ville alarmée ;
Osman la conduisait par de secrets chemins.

MAHOMET.

Faut-il toujours combattre, ou tromper les humains !
Séide ne sait point qu'aveugle en sa furie
Il vient d'ouvrir le flanc dont il reçut la vie ?

OMAR.

Qui pourrait l'en instruire? un éternel oubli
Tient avec ce secret Hercide enseveli :
Séide va le suivre, et son trépas commence.
J'ai détruit l'instrument qu'employa ta vengeance.
Tu sais que dans son sang ses mains ont fait couler
Le poison qu'en sa coupe on avait su mêler.
Le châtiment sur lui tombait avant le crime;
Et tandis qu'à l'autel il traînait sa victime,
Tandis qu'au sein d'un père il enfonçait son bras,
Dans ses veines, lui-même, il portait son trépas.
Il est dans la prison, et bientôt il expire.
Cependant en ces lieux j'ai fait garder Palmire.
Palmire à tes desseins va même encor servir;
Croyant sauver Séide, elle va t'obéir.
Je lui fais espérer la grâce de Séide.
Le silence est encor sur sa bouche timide;
Son cœur toujours docile, et fait pour t'adorer,
En secret seulement n'osera murmurer.
Législateur, prophète, et roi dans ta patrie,
Palmire achevera le bonheur de ta vie.
Tremblante, inanimée, on l'amène à tes yeux.

MAHOMET.

Va rassembler mes chefs, et revole en ces lieux.

SCÈNE II.

MAHOMET, PALMIRE, SUITE DE PALMIRE ET DE MAHOMET.

PALMIRE.

Ciel! où suis-je? ah, grand dieu!

MAHOMET.

Soyez moins consternée

J'ai du peuple et de vous pesé la destinée.
Le grand évènement qui vous remplit d'effroi,
Palmire, est un mystère entre le ciel et moi.
De vos indignes fers à jamais dégagée,
Vous êtes en ces lieux libre, heureuse, et vengée.
Ne pleurez point Séide, et laissez à mes mains
Le soin de balancer le destin des humains.
Ne songez plus qu'au vôtre; et si vous m'êtes chère,
Si Mahomet sur vous jeta des yeux de père,
Sachez qu'un sort plus noble, un titre encor plus grand,
Si vous le méritez, peut-être vous attend.
Portez vos vœux hardis au faîte de la gloire;
De Séide et du reste étouffez la mémoire:
Vos premiers sentiments doivent tous s'effacer
A l'aspect des grandeurs où vous n'osiez penser.
Il faut que votre cœur à mes bontés réponde,
Et suive en tout mes lois, lorsque j'en donne au monde.

PALMIRE.

Qu'entends-je? quelles lois, ô ciel! et quels bienfaits!
Imposteur teint de sang, que j'abjure à jamais,
Bourreau de tous les miens, va, ce dernier outrage
Manquait à ma misère, et manquait à ta rage.
Le voilà donc, grand dieu! ce prophète sacré,
Ce roi que je servis, ce dieu que j'adorai!
Monstre, dont les fureurs et les complots perfides
De deux cœurs innocents ont fait deux parricides.
De ma faible jeunesse infâme séducteur,
Tout souillé de mon sang, tu prétends à mon cœur!
Mais tu n'as pas encore assuré ta conquête;
Le voile est déchiré, la vengeance s'apprête.
Entends-tu ces clameurs? entends-tu ces éclats?
Mon père te poursuit des ombres du trépas.

Le peuple se soulève ; on s'arme en ma défense ;
Leurs bras vont à ta rage arracher l'innocence.
Puissé-je de mes mains te déchirer le flanc,
Voir mourir tous les tiens, et nager dans leur sang !
Puissent la Mecque ensemble, et Médine, et l'Asie,
Punir tant de fureur et tant d'hypocrisie !
Que le monde, par toi séduit et ravagé,
Rougisse de ses fers, les brise, et soit vengé !
Que ta religion, que fonda l'imposture,
Soit l'éternel mépris de la race future !
Que l'enfer, dont tes cris menaçaient tant de fois
Quiconque osait douter de tes indignes lois,
Que l'enfer, que ces lieux de douleur et de rage,
Pour toi seul préparés, soient ton juste partage !
Voilà les sentiments qu'on doit à tes bienfaits,
L'hommage, les serments, et les vœux que je fais !

MAHOMET.

Je vois qu'on m'a trahi ; mais quoi qu'il en puisse être,
Et qui que vous soyez, fléchissez sous un maître.
Apprenez que mon cœur....

SCÈNE III.

MAHOMET, PALMIRE, OMAR, ALI, SUITE.

OMAR.

On sait tout, Mahomet ;
Hercide en expirant révéla ton secret.
Le peuple en est instruit ; la prison est forcée ;
Tout s'arme, tout s'émeut : une foule insensée,
Élevant contre toi ses hurlements affreux,
Porte le corps sanglant de son chef malheureux.

Séide est à leur tête, et d'une voix funeste
Les excite à venger ce déplorable reste.
Ce corps, souillé de sang, est l'horrible signal
Qui fait courir le peuple à ce combat fatal.
Il s'écrie en pleurant, Je suis un parricide :
La douleur le ranime, et la rage le guide.
Il semble respirer pour se venger de toi.
On déteste ton dieu, tes prophètes, ta loi.
Ceux mêmes qui devaient, dans la Mecque alarmée,
Faire ouvrir, cette nuit, la porte à ton armée,
De la fureur commune avec zèle enivrés,
Viennent lever sur toi leurs bras désespérés.
On n'entend que les cris de mort et de vengeance.

PALMIRE.

Achève, juste ciel! et soutiens l'innocence:
Frappe.

MAHOMET, *à Omar.*

Eh bien, que crains-tu?

OMAR.

Tu vois quelques amis,
Qui contre les dangers comme moi raffermis,
Mais vainement armés contre un pareil orage,
Viennent tous à tes pieds mourir avec courage.

MAHOMET.

Seul je les défendrai. Rangez-vous près de moi,
Et connaissez enfin qui vous avez pour roi.

SCÈNE IV.

MAHOMET, OMAR, SA SUITE, *d'un côté*; SÉIDE, *et* LE PEUPLE *de l'autre*, PALMIRE *au milieu*.

SÉIDE, *un poignard à la main, mais déja affaibli par le poison.*

Peuple, vengez mon père, et courez à ce traître.

MAHOMET.

Peuple, né pour me suivre, écoutez votre maître.

SÉIDE.

N'écoutez point ce monstre, et suivez-moi... Grands dieux!
Quel nuage épaissi se répand sur mes yeux!
(il avance, il chancelle.)
Frappons.... Ciel! je me meurs.

MAHOMET.

Je triomphe.

PALMIRE, *courant à lui.*

Ah, mon frère!
N'auras-tu pu verser que le sang de ton père?

SÉIDE.

Avançons. Je ne puis.... Quel dieu vient m'accabler?
(il tombe entre les bras des siens.)

MAHOMET.

Ainsi tout téméraire à mes yeux doit trembler.
Incrédules esprits, qu'un zèle aveugle inspire,
Qui m'osez blasphémer, et qui vengez Zopire,
Ce seul bras que la terre apprit à redouter,
Ce bras peut vous punir d'avoir osé douter.
Dieu qui ma confié sa parole et sa foudre,
Si je me veux venger, va vous réduire en poudre.

Malheureux! connaissez son prophète et sa loi,
Et que ce dieu soit juge entre Séide et moi.
De nous deux, à l'instant, que le coupable expire!

PALMIRE.

Mon frère! eh quoi! sur eux ce monstre a tant d'empire!
Ils demeurent glacés, ils tremblent à sa voix.
Mahomet, comme un dieu, leur dicte encor ses lois:
Et toi, Séide aussi!

SÉIDE, *entre les bras des siens.*

Le ciel punit ton frère.
Mon crime était horrible autant qu'involontaire;
En vain la vertu même habitait dans mon cœur.
Toi, tremble, scélérat; si dieu punit l'erreur,
Vois quel foudre il prépare aux artisans des crimes;
Tremble; son bras s'essaie à frapper ses victimes.
Détournez d'elle, ô dieu, cette mort qui me suit!

PALMIRE.

Non, peuple, ce n'est point un dieu qui le poursui
Non; le poison sans doute....

MAHOMET, *en l'interrompant et s'adressant au peuple.*

Apprenez, infidèles,
A former contre moi des trames criminelles:
Aux vengeances des cieux reconnaissez mes droits.
La nature et la mort ont entendu ma voix.
La mort qui m'obéit, qui, prenant ma défense,
Sur ce front pâlissant a tracé ma vengeance,
La mort est à vos yeux, prête à fondre sur vous.
Ainsi mes ennemis sentiront mon courroux;
Ainsi je punirai les erreurs insensées,
Les révoltes du cœur, et les moindres pensées.
Si ce jour luit pour vous, ingrats, si vous vivez,
Rendez grâce au pontife à qui vous le devez.

Fuyez, courez au temple apaiser ma colère.

(le peuple se retire.)

PALMIRE, *revenant à elle.*

Arrêtez. Le barbare empoisonna mon frère.
Monstre, ainsi son trépas t'aura justifié!
A force de forfaits tu t'es déifié.
Malheureux assassin de ma famille entière,
Ote-moi de tes mains ce reste de lumière.
O frère! ô triste objet d'un amour plein d'horreurs!
Que je te suive au moins.

(elle se jette sur le poignard de son frère.)

MAHOMET.

Qu'on l'arrête.

PALMIRE.

Je meurs.

Je cesse de te voir, imposteur exécrable.
Je me flatte, en mourant, qu'un dieu plus équitable
Réserve un avenir pour les cœurs innocents.
Tu dois régner; le monde est fait pour les tyrans.

MAHOMET

Elle m'est enlevée.... Ah! trop chère victime!
Je me vois arracher le seul prix de mon crime.
De ses jours pleins d'appas détestable ennemi,
Vainqueur et tout-puissant, c'est moi qui suis puni.
Il est donc des remords! ô fureur! ô justice!
Mes forfaits dans mon cœur ont donc mis mon supplice!
Dieu, que j'ai fait servir au malheur des humains,
Adorable instrument de mes affreux desseins,
Toi que j'ai blasphémé, mais que je crains encore,
Je me sens condamné, quand l'univers m'adore.
Je brave en vain les traits dont je me sens frapper,
J'ai trompé les mortels, et ne puis me tromper.

Père, enfants malheureux, immolés à ma rage,
Vengez la terre et vous, et le ciel que j'outrage.
Arrachez-moi ce jour, et ce perfide cœur,
Ce cœur, né pour haïr, qui brûle avec fureur.
Et toi, de tant de honte étouffe la mémoire;
Cache au moins ma faiblesse, et sauve encor ma gloire :
Je dois régir en dieu l'univers prévenu;
Mon empire est détruit, si l'homme est reconnu.

FIN DU FANATISME.

MÉROPE,

TRAGÉDIE,

Représentée, pour la première fois, le 20 février 1743.

PERSONNAGES.

MÉROPE, veuve de Cresphonte, roi de Messène.
ÉGISTHE, fils de Mérope.
POLYPHONTE, tyran de Messène.
NARBAS, vieillard.
EURYCLÈS, favori de Mérope.
ÉROX, favori de Polyphonte.
ISMÉNIE, confidente de Mérope.

La scène est à Messène, dans le palais de Mérope.

MÉROPE,

TRAGÉDIE.

ACTE PREMIER

SCÈNE I.

MÉROPE, ISMÉNIE.

ISMÉNIE.

GRANDE reine, écartez ces horribles images;
Goûtez des jours sereins, nés du sein des orages.
Les dieux nous ont donné la victoire et la paix :
Ainsi que leur courroux ressentez leurs bienfaits.
Messène, après quinze ans de guerres intestines,
Lève un front moins timide, et sort de ses ruines.
Vos yeux ne verront plus tous ces chefs ennemis
Divisés d'intérêts, et pour le crime unis,
Par les saccagements, le sang, et le ravage,
Du meilleur de nos rois disputer l'héritage.
Nos chefs, nos citoyens, rassemblés sous vos yeux,
Les organes des lois, les ministres des dieux,
Vont, libres dans leur choix, décerner la couronne.
Sans doute elle est à vous, si la vertu la donne;
Vous seule avez sur nous d'irrévocables droits;
Vous, veuve de Cresphonte, et fille de nos rois;
Vous, que tant de constance, et quinze ans de misère,
Font encor plus auguste et nous rendent plus chère;
Vous, pour qui tous les cœurs en secret réunis....

MÉROPE.

Quoi ! Narbas ne vient point ! Reverrai-je mon fils ?

ISMÉNIE.

Vous pouvez l'espérer : déja d'un pas rapide
Vos esclaves en foule ont couru dans l'Élide ;
La paix a de l'Élide ouvert tous les chemins.
Vous avez mis sans doute en de fidèles mains
Ce dépôt si sacré, l'objet de tant d'alarmes.

MÉROPE.

Me rendrez-vous mon fils, dieux témoins de mes larmes ?
Égisthe est-il vivant ? Avez-vous conservé
Cet enfant malheureux, le seul que j'ai sauvé ?
Écartez loin de lui la main de l'homicide.
C'est votre fils, hélas ! c'est le pur sang d'Alcide.
Abandonnerez-vous ce reste précieux
Du plus juste des rois, et du plus grand des dieux,
L'image de l'époux dont j'adore la cendre ?

ISMÉNIE.

Mais quoi ! cet intérêt et si juste et si tendre
De tout autre intérêt peut-il vous détourner ?

MÉROPE.

Je suis mère ; et tu peux encor t'en étonner ?

ISMÉNIE.

Du sang dont vous sortez l'auguste caractère
Sera-t-il effacé par cet amour de mère ?
Son enfance était chère à vos yeux éplorés ;
Mais vous avez peu vu ce fils que vous pleurez.

MÉROPE.

Mon cœur a vu toujours ce fils que je regrette,
Ses périls nourrissaient ma tendresse inquiète ;
Un si juste intérêt s'accrut avec le temps.
Un mot seul de Narbas, depuis plus de quatre ans,

Vint dans la solitude où j'étais retenue
Porter un nouveau trouble à mon ame éperdue :
Égisthe, écrivait-il, mérite un meilleur sort ;
Il est digne de vous et des dieux dont il sort :
En butte à tous les maux, sa vertu les surmonte :
Espérez tout de lui, mais craignez Polyphonte.

ISMÉNIE.

De Polyphonte au moins prévenez les desseins ;
Laissez passer l'empire en vos augustes mains.

MÉROPE.

L'empire est à mon fils. Périsse la marâtre,
Périsse le cœur dur, de soi-même idolâtre,
Qui peut goûter en paix dans le suprême rang
Le barbare plaisir d'hériter de son sang !
Si je n'ai plus de fils, que m'importe un empire ?
Que m'importe ce ciel, ce jour que je respire ?
Je dus y renoncer alors que dans ces lieux
Mon époux fut trahi des mortels et des dieux.
O perfidie ! ô crime ! ô jour fatal au monde !
O mort toujours présente à ma douleur profonde !
J'entends encor ces voix, ces lamentables cris,
Ces cris : « Sauvez le roi, son épouse, et ses fils ! »
Je vois ces murs sanglants, ces portes embrasées,
Sous ces lambris fumants ces femmes écrasées,
Ces esclaves fuyants, le tumulte, l'effroi,
Les armes, les flambeaux, la mort autour de moi.
Là, nageant dans son sang, et souillé de poussière,
Tournant encor vers moi sa mourante paupière,
Cresphonte en expirant me serra dans ses bras ;
Là, deux fils malheureux, condamnés au trépas,
Tendres et premiers fruits d'une union si chère,
Sanglants et renversés sur le sein de leur père.

A peine soulevaient leurs innocentes mains,
Hélas! ils m'imploraient contre leurs assassins.
Egisthe échappa seul; un dieu prit sa défense:
Veille sur lui, grand dieu qui sauvas son enfance!
Qu'il vienne; que Narbas le ramène à mes yeux
Du fond de ses deserts au rang de ses aïeux!
J'ai supporté quinze ans mes fers et son absence;
Qu'il règne au lieu de moi: voilà ma récompense.

SCÈNE II.

MÉROPE, ISMENIE, EURYCLÈS.

MÉROPE.

Eh bien! Narbas? mon fils?

EURYCLÈS.

Vous me voyez confus;
Tant de pas, tant de soins ont été superflus.
On a couru, madame, aux rives du Pénée,
Dans les champs d'Olympie, aux murs de Salmonée:
Narbas est inconnu; le sort dans ces climats
Dérobe à tous les yeux la trace de ses pas.

MÉROPE.

Hélas! Narbas n'est plus; j'ai tout perdu, sans doute.

ISMÉNIE.

Vous croyez tous les maux que votre ame redoute;
Peut-être, sur les bruits de cette heureuse paix,
Narbas ramène un fils si cher à nos souhaits.

EURYCLÈS.

Peut-être sa tendresse, éclairée et discrète,
A caché son voyage ainsi que sa retraite:
Il veille sur Égisthe: il craint ces assassins
Qui du roi votre époux ont tranché les destins.

De leurs affreux complots il faut tromper la rage.
Autant que je l'ai pu j'assure son passage;
Et j'ai sur ces chemins de carnage abreuvés
Des yeux toujours ouverts, et des bras éprouvés.

MÉROPE.

Dans ta fidélité j'ai mis ma confiance.

EURYCLÈS.

Hélas! que peut pour vous ma triste vigilance?
On va donner son trône: en vain ma faible voix
Du sang qui le fit naître a fait parler les droits;
L'injustice triomphe, et ce peuple, à sa honte,
Au mépris de nos lois, penche vers Polyphonte.

MÉROPE.

Et le sort jusque-là pourrait nous avilir!
Mon fils dans ses états reviendrait pour servir!
Il verrait son sujet au rang de ses ancêtres!
Le sang de Jupiter aurait ici des maîtres!
Je n'ai donc plus d'amis? Le nom de mon époux,
Insensibles sujets, a donc péri pour vous?
Vous avez oublié ses bienfaits et sa gloire!

EURYCLÈS.

Le nom de votre époux est cher à leur mémoire:
On regrette Cresphonte, on le pleure, on vous plaint;
Mais la force l'emporte, et Polyphonte est craint.

MÉROPE.

Ainsi donc par mon peuple en tout temps accablée,
Je verrai la justice à la brigue immolée;
Et le vil intérêt, cet arbitre du sort,
Vend toujours le plus faible aux crimes du plus fort.
Allons, et rallumons dans ces ames timides
Ces regrets mal éteints du sang des Héraclides.

Flattons leur espérance, excitons leur amour.
Parlez, et de leur maître annoncez le retour.

EURYCLÈS.

Je n'ai que trop parlé : Polyphonte en alarmes
Craint déja votre fils, et redoute vos larmes;
La fière ambition dont il est dévoré
Est inquiète, ardente, et n'a rien de sacré.
S'il chassa les brigands de Pylos et d'Amphryse,
S'il a sauvé Messène, il croit l'avoir conquise.
Il agit pour lui seul, il veut tout asservir :
Il touche à la couronne; et, pour mieux la ravir,
Il n'est point de rempart que sa main ne renverse,
De lois qu'il ne corrompe, et de sang qu'il ne verse :
Ceux dont la main cruelle égorgea votre époux
Peut-être ne sont pas plus à craindre pour vous.

MÉROPE.

Quoi ! partout sous mes pas le sort creuse un abîme
Je vois autour de moi le danger et le crime;
Polyphonte, un sujet de qui les attentats....

EURYCLÈS.

Dissimulez, madame, il porte ici ses pas.

SCÈNE III.

MÉROPE, POLYPHONTE, ÉROX.

POLYPHONTE.

Madame, il faut enfin que mon cœur se déploie.
Ce bras qui vous servit m'ouvre au trône une voie;
Et les chefs de l'état, tout prêts de prononcer,
Me font entre nous deux l'honneur de balancer.
Des partis opposés qui désolaient Messènes,
Qui versaient tant de sang, qui formaient tant de haines

Il ne reste aujourd'hui que le vôtre et le mien.
Nous devons l'un à l'autre un mutuel soutien :
Nos ennemis communs, l'amour de la patrie,
Le devoir, l'intérêt, la raison, tout nous lie ;
Tout vous dit qu'un guerrier, vengeur de votre époux,
S'il aspire à régner, peut aspirer à vous.
Je me connais ; je sais que, blanchi sous les armes,
Ce front triste et sévère a pour vous peu de charmes ;
Je sais que vos appas, encor dans leur printemps,
Pourraient s'effaroucher de l'hiver de mes ans ;
Mais la raison d'état connaît peu ces caprices ;
Et de ce front guerrier les nobles cicatrices
Ne peuvent se couvrir que du bandeau des rois.
Je veux le sceptre et vous pour prix de mes exploits
N'en croyez pas, madame, un orgueil téméraire :
Vous êtes de nos rois et la fille et la mère ;
Mais l'état veut un maître, et vous devez songer
Que pour garder vos droits, il les faut partager.

MÉROPE.

Le ciel, qui m'accabla du poids de sa disgrâce,
Ne m'a point préparée à ce comble d'audace.
Sujet de mon époux, vous m'osez proposer
De trahir sa mémoire et de vous épouser ?
Moi, j'irais de mon fils, du seul bien qui me reste,
Déchirer avec vous l'héritage funeste ?
Je mettrais en vos mains sa mère et son état,
Et le bandeau des rois sur le front d'un soldat ?

POLYPHONTE.

Un soldat tel que moi peut justement prétendre
A gouverner l'état quand il l'a su défendre.
Le premier qui fut roi fut un soldat heureux.
Qui sert bien son pays n'a pas besoin d'aïeux

Je n'ai plus rien du sang qui m'a donné la vie;
Ce sang s'est épuisé, versé pour la patrie;
Ce sang coula pour vous; et, malgré vos refus,
Je crois valoir au moins les rois que j'ai vaincus:
Et je n'offre en un mot à votre ame rebelle
Que la moitié d'un trône où mon parti m'appelle.

MÉROPE.

Un parti! Vous, barbare, au mépris de nos lois!
Est-il d'autre parti que celui de vos rois?
Est-ce là cette foi si pure et si sacrée,
Qu'à mon époux, à moi, votre bouche a jurée?
La foi que vous devez à ses mânes trahis,
A sa veuve éperdue, à son malheureux fils,
A ces dieux dont il sort, et dont il tient l'empire?

POLYPHONTE.

Il est encor douteux si votre fils respire.
Mais quand du sein des morts il viendrait en ces lieux
Redemander son trône à la face des dieux,
Ne vous y trompez pas, Messène veut un maître
Éprouvé par le temps, digne en effet de l'être;
Un roi qui la défende; et j'ose me flatter
Que le vengeur du trône a seul droit d'y monter.
Égisthe jeune encore, et sans expérience,
Étalerait en vain l'orgueil de sa naissance;
N'ayant rien fait pour nous, il n'a rien mérité.
D'un prix bien différent ce trône est acheté.
Le droit de commander n'est plus un avantage
Transmis par la nature ainsi qu'un héritage;
C'est le fruit des travaux et du sang répandu;
C'est le prix du courage: et je crois qu'il m'est dû.
Souvenez-vous du jour où vous fûtes surprise
Par ces lâches brigands de Pylos et d'Amphryse;

Revoyez votre époux, et vos fils malheureux,
Presqu'en votre présence assassinés par eux;
Revoyez-moi, madame, arrêtant leur furie,
Chassant vos ennemis, défendant la patrie;
Voyez ces murs enfin par mon bras délivrés;
Songez que j'ai vengé l'époux que vous pleurez :
Voilà mes droits, madame, et mon rang, et mon titre;
La valeur fit ces droits; le ciel en est l'arbitre.
Que votre fils revienne; il apprendra sous moi
Les leçons de la gloire, et l'art de vivre en roi :
Il verra si mon front soutiendra la couronne.
Le sang d'Alcide est beau, mais n'a rien qui m'étonne.
Je recherche un honneur et plus noble et plus grand;
Je songe à ressembler au dieu dont il descend :
En un mot, c'est à moi de défendre sa mère,
Et de servir au fils et d'exemple et de père.

MÉROPE.

N'affectez point ici des soins si généreux,
Et cessez d'insulter à mon fils malheureux.
Si vous osez marcher sur les traces d'Alcide,
Rendez donc l'héritage au fils d'un Héraclide.
Ce dieu, dont vous seriez l'injuste successeur,
Vengeur de tant d'états, n'en fut point ravisseur.
Imitez sa justice ainsi que sa vaillance;
Défendez votre roi; secourez l'innocence;
Découvrez, rendez-moi ce fils que j'ai perdu;
Et méritez sa mère à force de vertu;
Dans vos murs relevés rappelez votre maître :
Alors jusques à vous je descendrais peut-être.
Je pourrais m'abaisser; mais je ne puis jamais
Devenir la complice et le prix des forfaits.

SCÈNE IV.

POLYPHONTE, ÉROX.

ÉROX.

Seigneur, attendez-vous que son ame fléchisse ?
Ne pouvez-vous régner qu'au gré de son caprice ?
Vous avez su du trône applanir le chemin;
Et pour vous y placer vous attendez sa main !

POLYPHONTE.

Entre ce trône et moi je vois un précipice;
Il faut que ma fortune y tombe ou le franchisse.
Mérope attend Égisthe; et le peuple aujourd'hui,
Si son fils reparaît, peut se tourner vers lui.
En vain, quand j'immolai son père et ses deux frères,
De ce trône sanglant je m'ouvris les barrières;
En vain, dans ce palais, où la sédition
Remplissait tout d'horreur et de confusion,
Ma fortune a permis qu'un voile heureux et sombre
Couvrît mes attentats du secret de son ombre;
En vain du sang des rois dont je suis l'oppresseur,
Les peuples abusés m'ont cru le défenseur :
Nous touchons au moment où mon sort se décide.
S'il reste un rejeton de la race d'Alcide,
Si ce fils, tant pleuré, dans Messène est produit,
De quinze ans de travaux j'ai perdu tout le fruit.
Crois-moi, ces préjugés de sang et de naissance
Revivront dans les cœurs, y prendront sa défense.
Le souvenir du père, et cent rois pour aïeux,
Cet honneur prétendu d'être issu de nos dieux,
Les cris, le désespoir d'une mère éplorée,
Détruiront ma puissance encor mal assurée.

Égisthe est l'ennemi dont il faut triompher.
Jadis dans son berceau je voulus l'étouffer.
De Narbas à mes yeux l'adroite diligence
Aux mains qui me servaient arracha son enfance :
Narbas, depuis ce temps, errant loin de ces bords,
A bravé ma recherche, a trompé mes efforts.
J'arrêtai ses courriers ; ma juste prévoyance
De Mérope et de lui rompit l'intelligence.
Mais je connais le sort ; il peut se démentir ;
De la nuit du silence un secret peut sortir ;
Et des dieux quelquefois la longue patience
Fait sur nous à pas lents descendre la vengeance.

ÉROX.

Ah ! livrez-vous sans crainte à vos heureux destins.
La prudence est le dieu qui veille à vos desseins.
Vos ordres sont suivis : déja vos satellites
D'Élide et de Messène occupent les limites.
Si Narbas reparaît, si jamais à leurs yeux
Narbas ramène Égisthe, ils périssent tous deux.

POLYPHONTE.

Mais, me réponds-tu bien de leur aveugle zèle ?

ÉROX.

Vous les avez guidés par une main fidèle :
Aucun d'eux ne connaît ce sang qui doit couler,
Ni le nom de ce roi qu'ils doivent immoler.
Narbas leur est dépeint comme un traître, un transfuge,
Un criminel errant, qui demande un refuge ;
L'autre, comme un esclave, et comme un meurtrier
Qu'à la rigueur des lois il faut sacrifier.

POLYPHONTE.

Eh bien, encor ce crime ! il m'est trop nécessaire :
Mais en perdant le fils, j'ai besoin de la mère ;

J'ai besoin d'un hymen utile à ma grandeur,
Qui détourne de moi le nom d'usurpateur,
Qui fixe enfin les vœux de ce peuple infidèle,
Qui m'apporte pour dot l'amour qu'on a pour elle.
Je lis au fond des cœurs ; à peine ils sont à moi :
Échauffés par l'espoir, ou glacés par l'effroi,
L'intérêt me les donne ; il les ravit de même.
Toi, dont le sort dépend de ma grandeur suprême,
Appui de mes projets par tes soins dirigés,
Érox, va réunir les esprits partagés ;
Que l'avare en secret te vende son suffrage :
Assure au courtisan ma faveur en partage ;
Du lâche qui balance échauffe les esprits :
Promets, donne, conjure, intimide, éblouis.
Ce fer au pied du trône en vain m'a su conduire ;
C'est encor peu de vaincre, il faut savoir séduire,
Flatter l'hydre du peuple, au frein l'accoutumer,
Et pousser l'art enfin jusqu'à m'en faire aimer.

FIN DU PREMIER ACTE.

ACTE SECOND.

SCÈNE I.

MÉROPE, EURYCLÈS, ISMÉNIE.

MÉROPE.

Quoi! l'univers se tait sur le destin d'Égisthe!
Je n'entends que trop bien ce silence si triste.
Aux frontières d'Elide enfin n'a-t-on rien su?

EURYCLÈS.

On n'a rien découvert; et tout ce qu'on a vu,
C'est un jeune étranger, de qui la main sanglante
D'un meurtre encor récent paraissait dégouttante;
Enchaîné par mon ordre, on l'amène au palais.

MÉROPE.

Un meurtre! un inconnu! Qu'a-t-il fait, Euryclès?
Quel sang a-t-il versé? Vous me glacez de crainte.

EURYCLÈS.

Triste effet de l'amour dont votre ame est atteinte!
Le moindre évènement vous porte un coup mortel;
Tout sert à déchirer ce cœur trop maternel;
Tout fait parler en vous la voix de la nature.
Mais de ce meurtrier la commune aventure
N'a rien dont vos esprits doivent être agités.
De crimes, de brigands ces bords sont infectés;
C'est le fruit malheureux de nos guerres civiles.
La justice est sans force; et nos champs et nos villes
Redemandent aux dieux, trop long-temps négligés,
Le sang des citoyens l'un par l'autre égorgés.
Écartez des terreurs dont le poids vous afflige

MÉROPE.

Quel est cet inconnu? Répondez-moi, vous dis-je.

EURYCLÈS.

C'est un de ces mortels du sort abandonnés,
Nourris dans la bassesse, aux travaux condamnés;
Un malheureux sans nom, si l'on croit l'apparence.

MÉROPE.

N'importe, quel qu'il soit, qu'il vienne en ma présence;
Le témoin le plus vil et les moindres clartés
Nous montrent quelquefois de grandes vérités.
Peut-être j'en crois trop le trouble qui me presse;
Mais ayez-en pitié, respectez ma faiblesse:
Mon cœur a tout à craindre, et rien à négliger.
Qu'il vienne, je le veux, je veux l'interroger.

EURYCLÈS.

(*à Isménie.*)

Vous serez obéie. Allez, et qu'on l'amène;
Qu'il paraisse à l'instant aux regards de la reine.

MÉROPE.

Je sens que je vais prendre un inutile soin.
Mon désespoir m'aveugle; il m'emporte trop loin:
Vous savez s'il est juste. On comble ma misère;
On détrône le fils, on outrage la mère.
Polyphonte, abusant de mon triste destin,
Ose enfin s'oublier jusqu'à m'offrir sa main.

EURYCLÈS.

Vos malheurs sont plus grands que vous ne pouvez croire.
Je sais que cet hymen offense votre gloire;
Mais je vois qu'on l'exige, et le sort irrité
Vous fait de cet opprobre une nécessité:
C'est un cruel parti; mais c'est le seul peut-être
Qui pourrait conserver le trône à son vrai maître.

Tel est le sentiment des chefs et des soldats ;
Et l'on croit. . .

MÉROPE.

Non, mon fils ne le souffrirait pas ;
L'exil, où son enfance a langui condamnée,
Lui serait moins affreux que ce lâche hyménée.

EURYCLÈS.

Il le condamnerait, si, paisible en son rang,
Il n'en croyait ici que les droits de son sang ;
Mais si par les malheurs son ame était instruite,
Sur ses vrais intérêts s'il réglait sa conduite,
De ses tristes amis s'il consultait la voix,
Et la nécessité, souveraine des lois,
Il verrait que jamais sa malheureuse mère
Ne lui donna d'amour une marque plus chère.

MÉROPE.

Ah ! que me dites-vous ?

EURYCLÈS.

De dures vérités,
Que m'arrachent mon zèle et vos calamités.

MÉROPE.

Quoi ! vous me demandez que l'intérêt surmonte
Cette invincible horreur que j'ai pour Polyphonte,
Vous, qui me l'avez peint de si noires couleurs !

EURYCLÈS.

Je l'ai peint dangereux, je connais ses fureurs ;
Mais il est tout-puissant ; mais rien ne lui résiste :
Il est sans héritier, et vous aimez Égisthe.

MÉROPE.

Ah ! c'est ce même amour, à mon gré précieux,
Qui me rend Polyphonte encor plus odieux.

Que parlez-vous toujours et d'hymen et d'empire?
Parlez-moi de mon fils; dites-moi s'il respire.
Cruel! apprenez-moi....

EURYCLÈS.

Voici cet étranger,
Que vos tristes soupçons brûlaient d'interroger.

SCÈNE II

MÉROPE, EURYCLÈS, ÉGISTHE, *enchaîné*, ISMÉNIE, GARDES.

ÉGISTHE, *dans le fond du théâtre, à Isménie.*

Est-ce là cette reine auguste et malheureuse,
Celle de qui la gloire, et l'infortune affreuse
Retentit jusqu'à moi dans le fond des déserts?

ISMÉNIE.

Rassurez-vous, c'est elle.

(elle sort.)

ÉGISTHE.

O dieu de l'univers!
Dieu, qui formas ses traits, veille sur ton image!
La vertu sur le trône est ton plus digne ouvrage.

MÉROPE.

C'est là ce meurtrier? Se peut-il qu'un mortel
Sous des dehors si doux ait un cœur si cruel?
Approche, malheureux, et dissipe tes craintes.
Reponds-moi : De quel sang tes mains sont-elles teintes?

ÉGISTHE.

O reine, pardonnez : le trouble, le respect,
Glacent ma triste voix tremblante à votre aspect.
(à Euryclès.)
Mon ame, en sa présence, étonnée, attendrie....

MÉROPE.

Parle. De qui ton bras a-t-il tranché la vie ?

ÉGISTHE.

D'un jeune audacieux, que les arrêts du sort
Et ses propres fureurs ont conduit à la mort.

MÉROPE.

D'un jeune homme! Mon sang s'est glacé dans mes veines.
Ah!.... T'était-il connu ?

ÉGISTHE.

Non : les champs de Messènes,
Ses murs, leurs citoyens, tout est nouveau pour moi.

MÉROPE.

Quoi! ce jeune inconnu s'est armé contre toi ?
Tu n'aurais employé qu'une juste défense ?

ÉGISTHE.

J'en atteste le ciel; il sait mon innocence.
Aux bords de la Pamise, en un temple sacré,
Où l'un de vos aïeux, Hercule, est adoré,
J'osais prier pour vous ce dieu vengeur des crimes :
Je ne pouvais offrir ni présents ni victimes :
Né dans la pauvreté, j'offrais de simples vœux,
Un cœur pur et soumis, présent des malheureux.
Il semblait que le dieu, touché de mon hommage,
Au-dessus de moi-même élevât mon courage.
Deux inconnus armés m'ont abordé soudain,
L'un dans la fleur des ans, l'autre vers son déclin.
Quel est donc, m'ont-ils dit, le dessein qui te guide ?
Et quels vœux formes-tu pour la race d'Alcide ?
L'un et l'autre à ces mots ont levé le poignard.
Le ciel m'a secouru dans ce triste hasard :
Cette main du plus jeune a puni la furie :
Percé de coups, madame, il est tombé sans vie :

L'autre a fui lâchement, tel qu'un vil assassin.
Et moi, je l'avouerai, de mon sort incertain,
Ignorant de quel sang j'avais rougi la terre,
Craignant d'être puni d'un meurtre involontaire,
J'ai traîné dans les flots ce corps ensanglanté.
Je fuyais; vos soldats m'ont bientôt arrêté :
Ils ont nommé Mérope, et j'ai rendu les armes.

EURYCLÈS.

Eh! madame, d'où vient que vous versez des larmes?

MÉROPE.

Te le dirai-je? hélas! tandis qu'il m'a parlé,
Sa voix m'attendrissait; tout mon cœur s'est troublé.
Cresphonte, ô ciel!... j'ai cru... que j'en rougis de honte!
Oui, j'ai cru démêler quelques traits de Cresphonte.
Jeux cruels du hasard, en qui me montrez-vous
Une si fausse image et des rapports si doux?
Affreux ressouvenir, quel vain songe m'abuse!

EURYCLÈS.

Rejetez donc, madame, un soupçon qui l'accuse;
Il n'a rien d'un barbare, et rien d'un imposteur.

MÉROPE.

Les dieux ont sur son front imprimé la candeur.
Demeurez; en quel lieu le ciel vous fit-il naître?

ÉGISTHE.

En Élide.

MÉROPE.

Qu'entends-je! en Élide! Ah! peut-être....
L'Élide..... répondez..... Narbas vous est connu?
Le nom d'Égisthe au moins jusqu'à vous est venu?
Quel était votre état, votre rang, votre père?

ÉGISTHE.

Mon père est un vieillard accablé de misère;

Polyclète est son nom : mais Égisthe, Narbas,
Ceux dont vous me parlez, je ne les connais pas.

MÉROPE.

O dieux, vous vous jouez d'une triste mortelle!
J'avais de quelque espoir une faible étincelle ;
J'entrevoyais le jour, et mes yeux affligés
Dans la profonde nuit sont déjà replongés.
Et quel rang vos parents tiennent-ils dans la Grèce?

ÉGISTHE.

Si la vertu suffit pour faire la noblesse,
Ceux dont je tiens le jour, Polyclète, Sirris,
Ne sont point des mortels dignes de vos mépris :
Leur sort les avilit ; mais leur sage constance
Fait respecter en eux l'honorable indigence.
Sous ses rustiques toits mon père vertueux
Fait le bien, suit les lois, et ne craint que les dieux.

MÉROPE.

Chaque mot qu'il me dit est plein de nouveaux charmes :
Pourquoi donc le quitter, pourquoi causer ses larmes?
Sans doute il est affreux d'être privé d'un fils.

ÉGISTHE.

Un vain désir de gloire a séduit mes esprits.
On me parlait souvent des troubles de Messène,
Des malheurs dont le ciel avait frappé la reine,
Surtout de ses vertus, dignes d'un autre prix :
Je me sentais ému par ces tristes récits.
De l'Élide en secret dédaignant la mollesse,
J'ai voulu dans la guerre exercer ma jeunesse,
Servir sous vos drapeaux, et vous offrir mon bras ;
Voilà le seul dessein qui conduisit mes pas.
Ce faux instinct de gloire égara mon courage :
A mes parents, flétris sous les rides de l'âge,

J'ai de mes jeunes ans dérobé le secours;
C'est ma première faute; elle a troublé mes jours:
Le ciel m'en a puni: le ciel inexorable
M'a conduit dans le piège, et m'a rendu coupable.

MÉROPE.

Il ne l'est point; j'en crois son ingénuité:
Le mensonge n'a point cette simplicité.
Tendons à sa jeunesse une main bienfaisante
C'est un infortuné que le ciel me présente.
Il suffit qu'il soit homme, et qu'il soit malheureux,
Mon fils peut éprouver un sort plus rigoureux.
Il me rappelle Égisthe; Égisthe est de son âge;
Peut-être, comme lui, de rivage en rivage,
Inconnu, fugitif, et partout rebuté,
Il souffre le mépris qui suit la pauvreté.
L'opprobre avilit l'ame, et flétrit le courage.
Pour le sang de nos dieux quel horrible partage!
Si du moins....

SCENE III.

MÉROPE, ÉGISTHE, EURYCLÈS, ISMÉNIE

ISMÉNIE.

Ah! madame, entendez-vous ces cris
Savez-vous bien....

MÉROPE.

Quel trouble alarme tes esprits?

ISMÉNIE.

Polyphonte l'emporte, et nos peuples volages
A son ambition prodiguent leurs suffrages.
Il est roi, c'en est fait.

ÉGISTHE.

J'avais cru que les dieux
Auraient placé Mérope au rang de ses aïeux.
Dieux! que plus on est grand, plus vos coups sont à craindre
Errant, abandonné, je suis le moins à plaindre.
Tout homme a ses malheurs.

(On emmène Égisthe.)

EURYCLÈS, *à Mérope.*

Je vous l'avais prédit :
Vous avez trop bravé son offre et son crédit.

MÉROPE.

Je vois toute l'horreur de l'abîme où nous sommes.
J'ai mal connu les dieux, j'ai mal connu les hommes :
J'en attendais justice ; ils la refusent tous.

EURYCLÈS.

Permettez que du moins j'assemble autour de vous
Ce peu de nos amis qui, dans un tel orage,
Pourraient encor sauver les débris du naufrage,
Et vous mettre à l'abri des nouveaux attentats
D'un maître dangereux, et d'un peuple d'ingrats.

SCÈNE IV

MÉROPE, ISMÉNIE.

ISMÉNIE.

L'ÉTAT n'est point ingrat ; non, madame : on vous aime
On vous conserve encor l'honneur du diadème :
On veut que Polyphonte, en vous donnant la main,
Semble tenir de vous le pouvoir souverain.

MÉROPE.

On ose me donner au tyran qui me brave ;
On a trahi le fils, on fait la mère esclave!

ISMÉNIE.

Le peuple vous rappelle au rang de vos aïeux;
Suivez sa voix, madame; elle est la voix des dieux

MÉROPE.

Inhumaine, tu veux que Mérope avilie
Rachète un vain honneur à force d'infamie!

SCÈNE V.

MÉROPE, EURYCLÈS, ISMÉNIE.

EURYCLÈS.

Madame, je reviens en tremblant devant vous:
Préparez ce grand cœur aux plus terribles coups;
Rappelez votre force, à ce dernier outrage.

MÉROPE.

Je n'en ai plus; les maux ont lassé mon courage:
Mais n'importe; parlez.

EURYCLÈS

C'en est fait; et le sort....
Je ne puis achever.

MÉROPE.

Quoi! mon fils!

EURYCLÈS.

Il est mort.
Il est trop vrai: déja cette horrible nouvelle
Consterne vos amis, et glace tout leur zèle.

MÉROPE.

Mon fils est mort!

ISMÉNIE.

O dieux!

EURYCLÈS.

D'indignes assassins
Des pièges de la mort ont semé les chemins.
Le crime est consommé.

MÉROPE.

Quoi! ce jour, que j'abhorre,
Ce soleil luit pour moi! Mérope vit encore!
Il n'est plus! Quelles mains ont déchiré son flanc?
Quel monstre a répandu les restes de mon sang?

EURYCLÈS.

Hélas! cet étranger, ce séducteur impie,
Dont vous-même admiriez la vertu poursuivie,
Pour qui tant de pitié naissait dans votre sein,
Lui que vous protégiez!...

MÉROPE.

Ce monstre est l'assassin!

EURYCLÈS.

Oui, madame; on en a des preuves trop certaines:
On vient de découvrir, de mettre dans les chaînes
Deux de ses compagnons, qui, cachés parmi nous,
Cherchaient encor Narbas échappé de leurs coups.
Celui qui sur Égisthe a mis ses mains hardies
A pris de votre fils les dépouilles chéries,
L'armure que Narbas emporta de ces lieux:
(on apporte cette armure dans le fond du théâtre.)
Le traître avait jeté ces gages précieux,
Pour n'être point connu par ces marques sanglantes.

MÉROPE.

Ah! que me dites-vous? Mes mains, ces mains tremblantes
En armèrent Cresphonte, alors que de mes bras
Pour la première fois il courut aux combats.

O dépouille trop chère, en quelles mains livrée !
Quoi ! ce monstre avait pris cette armure sacrée ?

EURYCLÈS.

Celle qu'Égisthe même apportait en ces lieux.

MÉROPE.

Et teinte de son sang on la montre à mes yeux !
Ce vieillard qu'on a vu dans le temple d'Alcide....

EURYCLÈS.

C'était Narbas ; c'était son déplorable guide ;
Polyphonte l'avoue.

MÉROPE.

Affreuse vérité !
Hélas ! de l'assassin le bras ensanglanté,
Pour dérober aux yeux son crime et son parjure,
Donne à mon fils sanglant les flots pour sépulture !
Je vois tout. O mon fils, quel horrible destin !

EURYCLÈS.

Voulez-vous tout savoir de ce lâche assassin ?

SCÈNE VI.

MÉROPE, EURYCLÈS, ISMÉNIE, ÉROX GARDES DE POLYPHONTE.

ÉROX.

MADAME, par ma voix, permettez que mon maître,
Trop dédaigné de vous, trop méconnu peut-être,
Dans ces cruels moments vous offre son secours.
Il a su que d'Égisthe on a tranché les jours ;
Et cette part qu'il prend aux malheurs de la reine....

MÉROPE.

Il y prend part, Érox, et je le crois sans peine ;

Il en jouit du moins, et les destins l'ont mis
Au trône de Cresphonte, au trône de mon fils.

ÉROX.

Il vous offre ce trône ; agréez qu'il partage
De ce fils qui n'est plus, le sanglant héritage,
Et que, dans vos malheurs, il mette à vos genoux
Un front que la couronne a fait digne de vous.
Mais il faut dans mes mains remettre le coupable :
Le droit de le punir est un droit respectable ;
C'est le devoir des rois : le glaive de Thémis,
Ce grand soutien du trône, à lui seul est commis :
A vous, comme à son peuple, il veut rendre justice.
Le sang des assassins est le vrai sacrifice
Qui doit de votre hymen ensanglanter l'autel.

MÉROPE.

Non ; je veux que ma main porte le coup mortel.
Si Polyphonte est roi, je veux que sa puissance
Laisse à mon désespoir le soin de ma vengeance.
Qu'il règne, qu'il possède et mes biens et mon rang :
Tout l'honneur que je veux, c'est de venger mon sang.
Ma main est à ce prix ; allez, qu'il s'y prépare :
Je la retirerai du sein de ce barbare,
Pour la porter fumante aux autels de nos dieux.

ÉROX.

Le roi, n'en doutez point, va remplir tous vos vœux.
Croyez qu'à vos regrets son cœur sera sensible.

SCÈNE VII.

MÉROPE, EURYCLÈS, ISMÉNIE.

MÉROPE.

Non, ne m'en croyez point; non, cet hymen horrible,
Cet hymen que je crains, ne s'accomplira pas.
Au sein du meurtrier j'enfoncerai mon bras;
Mais ce bras à l'instant m'arrachera la vie.

EURYCLÈS.

Madame, au nom des dieux....

MÉROPE.

Ils m'ont trop poursuivie.
Irai-je à leurs autels, objet de leur courroux,
Quand ils m'ôtent un fils, demander un époux,
Joindre un sceptre étranger au sceptre de mes pères,
Et les flambeaux d'hymen aux flambeaux funéraires?
Moi, vivre! moi, lever mes regards éperdus
Vers ce ciel outragé que mon fils ne voit plus!
Sous un maître odieux dévorant ma tristesse,
Attendre dans les pleurs une affreuse vieillesse?
Quand on a tout perdu, quand on n'a plus d'espoir,
La vie est un opprobre, et la mort un devoir.

FIN DU SECOND ACTE.

ACTE TROISIÈME.

SCÈNE I.

NARBAS.

O douleur! ô regrets! ô vieillesse pesante!
Je n'ai pu retenir cette fougue imprudente,
Cette ardeur d'un héros, ce courage emporté,
S'indignant dans mes bras de son obscurité.
Je l'ai perdu! la mort me l'a ravi peut-être.
De quel front aborder la mère de mon maître?
Quels maux sont en ces lieux accumulés sur moi!
Je reviens sans Égisthe; et Polyphonte est roi!
Cet heureux artisan de fraudes et de crimes,
Cet assassin farouche entouré de victimes,
Qui, nous persécutant de climats en climats,
Sema partout la mort, attachée à nos pas:
Il règne; il affermit le trône qu'il profane;
Il y jouit en paix du ciel qui le condamne!
Dieux! cachez mon retour à ses yeux pénétrants;
Dieux! dérobez Égisthe au fer de ses tyrans:
Guidez-moi vers sa mère, et qu'à ses pieds je meure.
Je vois, je reconnais cette triste demeure
Où le meilleur des rois a reçu le trépas,
Où son fils tout sanglant fut sauvé dans mes bras.
Hélas! après quinze ans d'exil et de misère,
Je viens coûter encor des larmes à sa mère.
A qui me déclarer? Je cherche dans ces lieux
Quelque ami, dont la main me conduise à ses yeux;

Aucun ne se présente à ma débile vue.
Je vois près d'une tombe une foule éperdue :
J'entends des cris plaintifs. Hélas ! dans ce palais
Un dieu persécuteur habite pour jamais.

SCÈNE II.

NARBAS, ISMÉNIE, *dans le fond du théâtre, où l'on découvre le tombeau de Cresphonte.*

ISMÉNIE.

Quel est cet inconnu dont la vue indiscrète
Ose troubler la reine, et percer sa retraite ?
Est-ce de nos tyrans quelque ministre affreux,
Dont l'œil vient épier les pleurs des malheureux

NARBAS.

Oh ! qui que vous soyez, excusez mon audace :
C'est un infortuné qui demande une grâce.
Il peut servir Mérope ; il voudrait lui parler.

ISMÉNIE.

Ah ! quel temps prenez-vous pour oser la troubler ?
Respectez la douleur d'une mère éperdue ;
Malheureux étranger, n'offensez point sa vue ;
Éloignez-vous.

NARBAS.

Hélas ! au nom des dieux vengeurs,
Accordez cette grâce à mon âge, à mes pleurs.
Je ne suis point, madame, étranger dans Messène.
Croyez, si vous servez, si vous aimez la reine,
Que mon cœur, à son sort attaché comme vous,
De sa longue infortune a senti tous les coups.
Quelle est donc cette tombe en ces lieux élevée
Que j'ai vu de vos pleurs en ce moment lavée ?

ISMÉNIE.

C'est la tombe d'un roi, des dieux abandonné,
D'un héros, d'un époux, d'un père infortuné,
De Cresphonte.

NARBAS, *allant vers le tombeau.*

O mon maître, ô cendres que j'adore!

ISMÉNIE.

L'épouse de Cresphonte est plus à plaindre encore.

NARBAS.

Quels coups auraient comblé ses malheurs inouis?

ISMÉNIE.

Le coup le plus terrible; on a tué son fils.

NARBAS.

Son fils Égisthe, ô dieux! le malheureux Égisthe!

ISMÉNIE.

Nul mortel en ces lieux n'ignore un sort si triste.

NARBAS.

Son fils ne serait plus?

ISMÉNIE.

Un barbare assassin
Aux portes de Messène a déchiré son sein.

NARBAS.

O désespoir! ô mort que ma crainte a prédite!
Il est assassiné? Mérope en est instruite?
Ne vous trompez-vous pas?

ISMÉNIE.

Des signes trop certains
Ont éclairé nos yeux sur ses affreux destins.
C'est vous en dire assez; sa perte est assurée.

NARBA

Quel fruit de tant de soins?

ISMÉNIE.

Au désespoir livrée
Mérope va mourir; son courage est vaincu :
Pour son fils seulement Mérope avait vécu :
Des nœuds qui l'arrêtaient sa vie est dégagée;
Mais avant de mourir elle sera vengée :
Le sang de l'assassin par sa main doit couler;
Au tombeau de Cresphonte elle va l'immoler.
Le roi qui l'a permis, cherche à flatter sa peine;
Un des siens en ces lieux doit aux pieds de la reine
Amener à l'instant ce lâche meurtrier,
Qu'au sang d'un fils si cher on va sacrifier.
Mérope cependant, dans sa douleur profonde,
Veut de ce lieu funeste écarter tout le monde.

NARBAS, *s'en allant.*

Hélas! s'il est ainsi, pourquoi me découvrir?
Au pied de ce tombeau je n'ai plus qu'à mourir.

SCÈNE III.

ISMÉNIE.

Ce vieillard est, sans doute, un citoyen fidèle;
Il pleure; il ne craint point de marquer un vrai zèle :
Il pleure; et tout le reste, esclave des tyrans,
Détourne loin de nous des yeux indifférents.
Quel si grand intérêt prend-il à nos alarmes?
La tranquille pitié fait verser moins de larmes.
Il montrait pour Égisthe un cœur trop paternel!
Hélas! courons à lui.... Mais quel objet cruel!

SCÈNE IV.

MÉROPE, ISMÉNIE, EURYCLÈS; ÉGISTHE, *enchaîné;* GARDES, SACRIFICATEURS.

MÉROPE.

Qu'on amène à mes yeux cette horrible victime.
Inventons des tourments qui soient égaux au crime;
Ils ne pourront jamais égaler ma douleur.

ÉGISTHE.

On m'a vendu bien cher un instant de faveur.
Secourez-moi, grands dieux, à l'innocent propices

EURYCLÈS.

Avant que d'expirer, qu'il nomme ses complices.

MÉROPE, *avançant.*

Oui; sans doute, il le faut. Monstre! qui t'a porté
A ce comble du crime, à tant de cruauté?
Que t'ai-je fait?

ÉGISTHE.

Les dieux, qui vengent le parjure
Sont témoins si ma bouche a connu l'imposture.
J'avais dit à vos pieds la simple vérité;
J'avais déja fléchi votre cœur irrité;
Vous étendiez sur moi votre main protectrice
Qui peut avoir sitôt lassé votre justice?
Et quel est donc ce sang qu'a versé mon erreur?
Quel nouvel intérêt vous parle en sa faveur

MÉROPE.

Quel intérêt? barbare!

ÉGISTHE.

Hélas! sur son visage
J'entrevois de la mort la douloureuse image:

Que j'en suis attendri ! j'aurais voulu cent fois
Racheter de mon sang l'état où je la vois.

MÉROPE.

Le cruel ! à quel point on l'instruisit à feindre !
Il m'arrache la vie, et semble encor me plaindre.

(Elle se jette dans les bras d'Isménie.)

EURYCLÈS.

Madame, vengez-vous, et vengez à la fois
Les lois, et la nature, et le sang de nos rois.

ÉGISTHE.

A la cour de ces rois telle est donc la justice !
On m'accueille, on me flatte; on résout mon supplice.
Quel destin m'arrachait à mes tristes forêts ?
Vieillard infortuné, quels seront vos regrets ?
Mère trop malheureuse, et dont la voix si chère
M'avait prédit....

MÉROPE.

Barbare ! il te reste une mère.
Je serais mère encor sans toi, sans ta fureur.
Tu m'as ravi mon fils.

ÉGISTHE.

Si tel est mon malheur,
S'il était votre fils, je suis trop condamnable.
Mon cœur est innocent, mais ma main est coupable.
Que je suis malheureux ! Le ciel sait qu'aujourd'hui
J'aurais donné ma vie et pour vous et pour lui.

MÉROPE.

Quoi, traître ! quand ta main lui ravit cette armure...

ÉGISTHE.

Elle est à moi.

MÉROPE.

Comment ? que dis-tu ?

ÉGISTHE.

Je vous jure,
Par vous, par ce cher fils, par vos divins aïeux,
Que mon père en mes mains mit ce don précieux.

MÉROPE.

Qui? ton père? En Élide? en quel trouble il me jette!
Son nom? parle : réponds.

ÉGISTHE.

Son nom est Polyclète :
Je vous l'ai déja dit.

MÉROPE.

Tu m'arraches le cœur.
Quelle indigne pitié suspendait ma fureur!
C'en est trop; secondez la rage qui me guide.
Qu'on traîne à ce tombeau ce monstre, ce perfide.
(levant le poignard.)
Mânes de mon cher fils, mes bras ensanglantés...

NARBAS, *paraissant avec précipitation.*

Qu'allez-vous faire, ô dieux!

MÉROPE.

Qui m'appelle?

NARBAS.

Arrêtez!
Hélas! il est perdu, si je nomme sa mère,
S'il est connu.

MÉROPE.

Meurs, traître!

NARBAS.

Arrêtez!

ÉGISTHE, *tournant les yeux vers Narbas.*

O mon père!

MÉROPE.

Son père !

ÉGISTHE, *à Narbas.*

Hélas ! que vois-je ? où portez-vous vos pas ?
Venez-vous être ici témoin de mon trépas ?

NARBAS.

Ah ! madame, empêchez qu'on achève le crime.
Euryclès, écoutez, écartez la victime :
Que je vous parle.

EURYCLÈS *emmène Egisthe, et ferme le fond du théâtre.*

O ciel !

MÉROPE, *s'avançant.*

Vous me faites trembler :
J'allais venger mon fils.

NARBAS, *se jetant à genoux.*

Vous alliez l'immoler.
Egisthe....

MÉROPE, *laissant tomber le poignard.*

Eh bien, Egisthe ?

NARBAS.

O reine infortunée !
Celui dont votre main tranchait la destinée,
C'est Égisthe....

MÉROPE.

Il vivrait !

NARBAS.

C'est lui, c'est votre fils.

MÉROPE, *tombant dans les bras d'Isménie.*

Je me meurs !

ISMÉNIE.

Dieux puissants !

NARBAS, *à Isménie.*

Rappelez ses esprits.
Hélas! ce juste excès de joie et de tendresse,
Ce trouble si soudain, ce remords qui la presse,
Vont consumer ses jours usés par la douleur.

MÉROPE, *revenant à elle.*

Ah, Narbas, est-ce vous? est-ce un songe trompeur?
Quoi! c'est vous! c'est mon fils! qu'il vienne, qu'il paraisse.

NARBAS.

Redoutez, renfermez cette juste tendresse.
(à Isménie.)
Vous, cachez à jamais ce secret important;
Le salut de la reine et d'Égisthe en dépend.

MÉROPE.

Ah! quel nouveau danger empoisonne ma joie!
Cher Égisthe! quel dieu défend que je te voie?
Ne m'est-il donc rendu que pour mieux m'affliger?

NARBAS.

Ne le connaissant pas, vous alliez l'égorger;
Et, si son arrivée est ici découverte,
En le reconnaissant vous assurez sa perte.
Malgré la voix du sang, feignez, dissimulez:
Le crime est sur le trône; on vous poursuit; tremblez.

SCÈNE V.

MÉROPE, EURYCLÈS, NARBAS, ISMÉNIE.

EURYCLÈS.

Ah! madame, le roi commande qu'on saisisse...

MÉROPE.

Qui?

EURYCLÈS.

Ce jeune étranger qu'on destine au supplice.

MÉROPE, *avec transport.*

Eh bien! cet étranger, c'est mon fils, c'est mon sang,
Narbas, on va plonger le couteau dans son flanc!
Courons tous.

NARBAS.

Demeurez.

MÉROPE.

C'est mon fils qu'on entraîn...
Pourquoi? quelle entreprise exécrable et soudaine!
Pourquoi m'ôter Égisthe?

EURYCLÈS.

Avant de vous venger,
Polyphonte, dit-il, prétend l'interroger.

MÉROPE.

L'interroger? qui? lui? sait-il quelle est sa mère?

EURYCLÈS.

Nul ne soupçonne encor ce terrible mystère.

MÉROPE.

Courons à Polyphonte; implorons son appui.

NARBAS.

N'implorez que les dieux, et ne craignez que lui.

EURYCLÈS.

Si les droits de ce fils font au roi quelque ombrage,
De son salut au moins votre hymen est le gage.
Prêt à s'unir à vous d'un éternel lien,
Votre fils aux autels va devenir le sien.
Et dût sa politique en être encor jalouse,
Il faut qu'il serve Égisthe, alors qu'il vous épouse.

NARBAS.

Il vous épouse! lui! quel coup de foudre! ô ciel!

MÉROPE.

C'est mourir trop long-temps dans ce trouble cruel.
Je vais....

NARBAS.

Vous n'irez point, ô mère déplorable !
Vous n'accomplirez point cet hymen exécrable.

EURYCLÈS.

Narbas, elle est forcée à lui donner la main.
Il peut venger Cresphonte.

NARBAS.

Il en est l'assassin.

MÉROPE.

Lui ? ce traître !

NARBAS.

Oui, lui-même ; oui, ses mains sanguinaire
Ont égorgé d'Égisthe et le père et les frères :
Je l'ai vu sur mon roi, j'ai vu porter les coups ;
Je l'ai vu tout couvert du sang de votre époux.

MÉROPE.

Ah dieux !

NARBAS.

J'ai vu ce monstre entouré de victimes ;
Je l'ai vu contre vous accumuler les crimes ;
Il déguisa sa rage à force de forfaits ;
Lui-même aux ennemis il ouvrit ce palais :
Il y porta la flamme ; et parmi le carnage,
Parmi les traits, les feux, le trouble, le pillage,
Teint du sang de vos fils, mais des brigands vainqueur,
Assassin de son prince, il parut son vengeur.
D'ennemis, de mourants, vous étiez entourée ;
Et moi, perçant à peine une foule égarée,
J'emportai votre fils dans mes bras languissants.
Les dieux ont pris pitié de ses jours innocents :
Je l'ai conduit, seize ans, de retraite en retraite ;
J'ai pris pour me cacher le nom de Polyclète ;

Et lorsqu'en arrivant je l'arrache à vos coups,
Polyphonte est son maître, et devient votre époux !

MÉROPE.

Ah ! tout mon sang se glace à ce récit horrible.

EURYCLÈS.

On vient : c'est Polyphonte.

MÉROPE.

O dieux ! est-il possible ?

(*à Narbas.*)

Va, dérobe surtout ta vue à sa fureur.

NARBAS.

Hélas ! si votre fils est cher à votre cœur,
Avec son assassin dissimulez, madame.

EURYCLÈS.

Renfermons ce secret dans le fond de notre ame.
Un seul mot peut le perdre.

MÉROPE, *à Euryclès.*

Ah ! cours ; et que tes yeux
Veillent sur ce dépôt si cher, si précieux.

EURYCLÈS.

N'en doutez point.

MÉROPE.

Hélas ! j'espère en ta prudence :
C'est mon fils, c'est ton roi. Dieux ! ce monstre s'avance

SCÈNE VI.

MEROPE, POLYPHONTE, EROX, ISMÉNIE, SUITE

POLYPHONTE.

Le trône vous attend, et les autels sont prêts ;
L'hymen qui va nous joindre unit nos intérêts.
Comme roi, comme époux, le devoir me commande

Que je venge le meurtre, et que je vous défende.
Deux complices déja, par mon ordre saisis,
Vont payer de leur sang le sang de votre fils.
Mais, malgré tous mes soins, votre lente vengeance
A bien mal secondé ma prompte vigilance.
J'avais à votre bras remis cet assassin;
Vous-même, disiez-vous, deviez percer son sein.

MÉROPE.

Plût aux dieux que mon bras fût le vengeur du crime!

POLYPHONTE.

C'est le devoir des rois, c'est le soin qui m'anime.

MÉROPE.

Vous?

POLYPHONTE.

Pourquoi donc, madame, avez-vous différé?
Votre amour pour un fils serait-il altéré?

MÉROPE.

Puissent ses ennemis périr dans les supplices!
Mais si ce meurtrier, seigneur, a des complices;
Si je pouvais par lui reconnaître le bras,
Le bras dont mon époux a reçu le trépas....
Ceux dont la race impie a massacré le père
Poursuivront à jamais et le fils et la mère.
Si l'on pouvait...

POLYPHONTE.

C'est là ce que je veux savoir;
Et déja le coupable est mis en mon pouvoir.

MÉROPE.

Il est entre vos mains?

POLYPHONTE.

Oui, madame, et j'espere
Percer en lui parlant ce ténébreux mystere.

MÉROPE.

Ah! barbare!.... A moi seule il faut qu'il soit remis.
Rendez-moi.... Vous savez que vous l'avez promis.
(à part.)
O mon sang! ô mon fils! quel sort on vous prépare!
(à Polyphonte.)
Seigneur, ayez pitié....

POLYPHONTE.

Quel transport vous égare!
Il mourra.

MÉROPE.

Lui?

POLYPHONTE.

Sa mort pourra vous consoler.

MÉROPE.

Ah! je veux à l'instant le voir et lui parler.

POLYPHONTE.

Ce mélange inouï d'horreur et de tendresse,
Ces transports dont votre ame à peine est la maîtresse,
Ces discours commencés, ce visage interdit,
Pourraient de quelque ombrage alarmer mon esprit
Mais puis-je m'expliquer avec moins de contrainte?
D'un déplaisir nouveau votre ame semble atteinte.
Qu'a donc dit ce vieillard que l'on vient d'amener?
Pourquoi fuit-il mes yeux? que dois-je en soupçonner?
Quel est-il?

MÉROPE.

Eh! seigneur, à peine sur le trône,
La crainte, le soupçon déja vous environne!

POLYPHONTE.

Partagez donc ce trône; et, sûr de mon bonheur.

Je verrai les soupçons exilés de mon cœur.
L'autel attend déja Mérope et Polyphonte.

MÉROPE, *en pleurant.*

Les dieux vous ont donné le trône de Cresphonte;
Il y manquait sa femme, et ce comble d'horreur,
Ce crime épouvantable....

ISMÉNIE.

Eh, madame!

MÉROPE.

Ah! seigneur,
Pardonnez.... Vous voyez une mère éperdue.
Les dieux m'ont tout ravi; les dieux m'ont confondue.
Pardonnez.... De mon fils rendez-moi l'assassin.

POLYPHONTE.

Tout son sang, s'il le faut, va couler sous ma main
Venez, madame.

MÉROPE.

O dieux! dans l'horreur qui me presse,
Secourez une mère, et cachez sa faiblesse.

FIN DU TROISIÈME ACTE.

ACTE QUATRIÈME.

SCÈNE I.

POLYPHONTE, ÉROX.

POLYPHONTE.

A ses emportements, je croirais qu'à la fin
Elle a de son époux reconnu l'assassin ;
Je croirais que ses yeux ont éclairé l'abîme
Où dans l'impunité s'était caché mon crime.
Son cœur avec effroi se refuse à mes vœux ;
Mais ce n'est pas son cœur, c'est sa main que je veux :
Telle est la loi du peuple ; il le faut satisfaire.
Cet hymen m'asservit et le fils et la mère ;
Et par ce nœud sacré, qui la met dans mes mains,
Je n'en fais qu'une esclave utile à mes desseins.
Qu'elle écoute à son gré son impuissante haine ;
Au char de ma fortune il est temps qu'on l'enchaîne.
Mais vous, au meurtrier vous venez de parler ;
Que pensez-vous de lui ?

ÉROX.

Rien ne peut le troubler.
Simple dans ses discours, mais ferme, invariable,
La mort ne fléchit point cette ame impénétrable
J'en suis frappé, seigneur, et je n'attendais pas
Un courage aussi grand dans un rang aussi bas
J'avouerai qu'en secret moi-même je l'admire.

POLYPHONTE.

Quel est-il, en un mot ?

ÉROX.

Ce que j'ose vous dire,
C'est qu'il n'est point, sans doute, un de ces assassins
Disposés en secret pour servir vos desseins.

POLYPHONTE.

Pouvez-vous en parler avec tant d'assurance ?
Leur conducteur n'est plus. Ma juste défiance
A pris soin d'effacer dans son sang dangereux
De ce secret d'état les vestiges honteux :
Mais ce jeune inconnu me tourmente et m'attriste.
Me répondez-vous bien qu'il m'ait défait d'Égisthe ?
Croirai-je que, toujours soigneux de m'obéir,
Le sort jusqu'à ce point m'ait voulu prévenir ?

ÉROX.

Mérope, dans les pleurs mourant désespérée,
Est de votre bonheur une preuve assurée ;
Et tout ce que je vois le confirme en effet.
Plus fort que tous nos soins, le hasard a tout fait.

POLYPHONTE.

Le hasard va souvent plus loin que la prudence ;
Mais j'ai trop d'ennemis, et trop d'expérience,
Pour laisser le hasard arbitre de mon sort.
Quel que soit l'étranger, il faut hâter sa mort.
Sa mort sera le prix de cet hymen auguste ;
Elle affermit mon trône : il suffit, elle est juste.
Le peuple, sous mes lois pour jamais engagé,
Croira son prince mort, et le croira vengé.
Mais répondez : quel est ce vieillard téméraire
Qu'on dérobe à ma vue avec tant de mystère ?
Mérope allait verser le sang de l'assassin :
Ce vieillard, dites-vous, a retenu sa main ;
Que voulait-il ?

ÉROX.

Seigneur, chargé de sa misère,
De ce jeune étranger ce vieillard est le père :
Il venait implorer la grâce de son fils.

POLYPHONTE.

Sa grâce? Devant moi je veux qu'il soit admis.
Ce vieillard me trahit, crois-moi, puisqu'il se cache.
Ce secret m'importune; il faut que je l'arrache.
Le meurtrier, surtout, excite mes soupçons.
Pourquoi, par quel caprice, et par quelles raisons,
La reine, qui tantôt pressait tant son supplice,
N'ose-t-elle achever ce juste sacrifice?
La pitié paraissait adoucir ses fureurs;
Sa joie éclatait même à travers ses douleurs.

ÉROX.

Qu'importe sa pitié, sa joie, et sa vengeance?

POLYPHONTE.

Tout m'importe, et de tout je suis en défiance.
Elle vient : qu'on m'amène ici cet étranger.

SCÈNE II.

POLYPHONTE, ÉROX, EGISTHE, EURYCLÈS
MÉROPE, ISMÉNIE, GARDES.

MÉROPE.

Remplissez vos serments; songez à me venger :
Qu'à mes mains, à moi seule, on laisse la victime.

POLYPHONTE.

La voici devant vous. Votre intérêt m'anime.
Vengez-vous; baignez-vous au sang du criminel;
Et sur son corps sanglant je vous mène à l'autel.

MÉROPE.

Ah dieux!

ÉGISTHE, *à Polyphonte.*

Tu vends mon sang à l'hymen de la reine;
Ma vie est peu de chose, et je mourrai sans peine:
Mais je suis malheureux, innocent, étranger;
Si le ciel t'a fait roi, c'est pour me protéger.
J'ai tué justement un injuste adversaire.
Mérope veut ma mort; je l'excuse, elle est mère;
Je bénirai ses coups prêts à tomber sur moi:
Et je n'accuse ici qu'un tyran tel que toi.

POLYPHONTE.

Malheureux! oses-tu, dans ta rage insolente....

MÉROPE.

Eh! seigneur, excusez sa jeunesse imprudente;
Elevé loin des cours et nourri dans les bois,
Il ne sait pas encor ce qu'on doit à des rois.

POLYPHONTE.

Qu'entends-je! quel discours! quelle surprise extrême!
Vous, le justifier!

MÉROPE.

Qui, moi, seigneur?

POLYPHONTE.

Vous-même.
De cet égarement sortirez-vous enfin?
De votre fils, madame, est-ce ici l'assassin?

MÉROPE.

Mon fils, de tant de rois le déplorable reste,
Mon fils, enveloppé dans un piége funeste,
Sous les coups d'un barbare....

ISMÉNIE.

O ciel! que faites-vous?

POLYPHONTE.

Quoi! vos regards sur lui se tournent sans courroux!
Vous tremblez à sa vue, et vos yeux s'attendrissent?
Vous voulez me cacher les pleurs qui les remplissent?

MÉROPE.

Je ne les cache point, ils paraissent assez;
La cause en est trop juste, et vous la connaissez.

POLYPHONTE.

Pour en tarir la source il est temps qu'il expire.
Qu'on l'immole, soldats.

MÉROPE, *s'avançant.*

Cruel! qu'osez-vous dire?

ÉGISTHE.

Quoi! de pitié pour moi tous vos sens sont saisis!

POLYPHONTE.

Qu'il meure!

MÉROPE.

Il est...

POLYPHONTE.

Frappez.

MÉROPE, *se jetant entre Egisthe et les soldats.*

Barbare! il est mon fils.

ÉGISTHE.

Moi! votre fils?

MÉROPE, *en l'embrassant.*

Tu l'es : et ce ciel que j'atteste,
Ce ciel qui t'a formé dans un sein si funeste,
Et qui trop tard, hélas! a dessillé mes yeux,
Te remet dans mes bras pour nous perdre tous deux.

ÉGISTHE.

Quel miracle, grands dieux, que je ne puis comprendre!

POLYPHONTE.

Une telle imposture a de quoi me surprendre.
Vous, sa mère? Qui? vous, qui demandiez sa mort?

ÉGISTHE.

Ah! si je meurs son fils, je rends grâce à mon sort.

MÉROPE.

Je suis sa mère. Hélas! mon amour m'a trahie.
Oui, tu tiens dans tes mains le secret de ma vie;
Tu tiens le fils des dieux enchaîné devant toi,
L'héritier de Cresphonte, et ton maître, et ton roi.
Tu peux, si tu le veux, m'accuser d'imposture.
Ce n'est pas aux tyrans à sentir la nature;
Ton cœur, nourri de sang, n'en peut être frappé.
Oui, c'est mon fils, te dis-je, au carnage échappé.

POLYPHONTE.

Que prétendez-vous dire? et sur quelles alarmes...?

ÉGISTHE.

Va, je me crois son fils; mes preuves sont ses larmes,
Mes sentiments, mon cœur par la gloire animé,
Mon bras, qui t'eût puni s'il n'était désarmé.

POLYPHONTE.

Ta rage auparavant sera seule punie.
C'est trop.

MÉROPE, *se jetant à ses genoux.*

Commencez donc par m'arracher la vie;
Ayez pitié des pleurs dont mes yeux sont noyés.
Que vous faut-il de plus? Mérope est à vos pieds;
Mérope les embrasse, et craint votre colère.
A cet effort affreux jugez si je suis mère,
Jugez de mes tourments : ma détestable erreur,
Ce matin, de mon fils allait percer le cœur.

Je pleure à vos genoux mon crime involontaire.
Cruel ! vous qui vouliez lui tenir lieu de père,
Qui deviez protéger ses jours infortunés,
Le voilà devant vous, et vous l'assassinez !
Son père est mort, hélas ! par un crime funeste ;
Sauvez le fils : je puis oublier tout le reste ;
Sauvez le sang des dieux et de vos souverains ;
Il est seul, sans défense, il est entre vos mains.
Qu'il vive, et c'est assez. Heureuse en mes misères,
Lui seul il me rendra mon époux et ses frères.
Vous voyez avec moi ses aïeux à genoux,
Votre roi dans les fers.

ÉGISTHE.

O reine, levez-vous,
Et daignez me prouver que Cresphonte est mon père,
En cessant d'avilir et sa veuve et ma mère.
Je sais peu de mes droits quelle est la dignité ;
Mais le ciel m'a fait naître avec trop de fierté,
Avec un cœur trop haut pour qu'un tyran l'abaisse.
De mon premier état j'ai bravé la bassesse,
Et mes yeux du présent ne sont point éblouis.
Je me sens né des rois, je me sens votre fils.
Hercule ainsi que moi commença sa carrière ;
Il sentit l'infortune en ouvrant la paupière ;
Et les dieux l'ont conduit à l'immortalité,
Pour avoir, comme moi, vaincu l'adversité.
S'il m'a transmis son sang, j'en aurai le courage.
Mourir digne de vous, voilà mon héritage.
Cessez de le prier ; cessez de démentir
Le sang des demi-dieux dont on me fait sortir.

POLYPHONTE, *à Mérope.*

Eh bien ! il faut ici nous expliquer sans feinte.

Je prends part aux douleurs dont vous êtes atteinte;
Son courage me plaît; je l'estime, et je crois
Qu'il mérite en effet d'être du sang des rois.
Mais une vérité d'une telle importance
N'est pas de ces secrets qu'on croit sans évidence.
Je le prends sous ma garde; il m'est déja remis;
Et, s'il est né de vous, je l'adopte pour fils.

ÉGISTHE.

Vous, m'adopter?

MÉROPE.

Hélas!

POLYPHONTE.

Réglez sa destinée.
Vous achetiez sa mort avec mon hyménée.
La vengeance à ce point a pu vous captiver;
L'amour fera-t-il moins quand il faut le sauver?

MÉROPE.

Quoi, barbare!

POLYPHONTE.

Madame, il y va de sa vie
Votre ame en sa faveur paraît trop attendrie,
Pour vouloir exposer à mes justes rigueurs,
Par d'imprudents refus, l'objet de tant de pleurs.

MÉROPE.

Seigneur, que de son sort il soit du moins le maître.
Daignez....

POLYPHONTE.

C'est votre fils, madame, ou c'est un traître.
Je dois m'unir à vous pour lui servir d'appui,
Ou je dois me venger et de vous et de lui.
C'est à vous d'ordonner sa grâce ou son supplice.
Vous êtes en un mot sa mère, ou sa complice.

Choisissez ; mais sachez qu'au sortir de ces lieux
Je ne vous en croirai qu'en présence des dieux.
Vous, soldats, qu'on le garde ; et vous, que l'on me suive.

(à Mérope.)

Je vous attends ; voyez si vous voulez qu'il vive ;
Déterminez d'un mot mon esprit incertain ;
Confirmez sa naissance en me donnant la main.
Votre seule réponse ou le sauve, ou l'opprime.
Voilà mon fils, madame, ou voilà ma victime.
Adieu.

MÉROPE.

Ne m'ôtez pas la douceur de le voir.
Rendez-le à mon amour, à mon vain désespoir.

POLYPHONTE.

Vous le verrez au temple.

ÉGISTHE, *que les soldats emmènent.*

O reine auguste et chère !
O vous que j'ose à peine encor nommer ma mère !
Ne faites rien d'indigne et de vous et de moi :
Si je suis votre fils, je sais mourir en roi.

SCÈNE III.

MÉROPE.

Cruels, vous l'enlevez ; en vain je vous implore :
Je ne l'ai donc revu que pour le perdre encore ?
Pourquoi m'exauciez-vous, ô dieu trop imploré ?
Pourquoi rendre à mes vœux ce fils tant désiré ?
Vous l'avez arraché d'une terre étrangère,
Victime réservée au bourreau de son père.
Ah ! privez-moi de lui ; cachez ses pas errants
Dans le fond des déserts, à l'abri des tyrans.

SCÈNE IV.

MÉROPE, NARBAS, EURYCLÈS.

MÉROPE.

SAIS-TU l'excès d'horreur où je me vois livrée ?

NARBAS.

Je sais que de mon roi la perte est assurée,
Que déja dans les fers Égisthe est retenu,
Qu'on observe mes pas.

MÉROPE.

C'est moi qui l'ai perdu.

NARBAS.

Vous!

MÉROPE.

J'ai tout révélé. Mais, Narbas, quelle mère,
Prête à perdre son fils, peut le voir et se taire ?
J'ai parlé, c'en est fait; et je dois désormais
Réparer ma faiblesse à force de forfaits.

NARBAS.

Quels forfaits dites-vous ?

SCÈNE V.

MÉROPE, NARBAS, EURYCLÈS, ISMÉNIE.

ISMÉNIE.

Voici l'heure, madame,
Qu'il vous faut rassembler les forces de votre ame.
Un vain peuple, qui vole après la nouveauté,
Attend votre hyménée avec avidité.
Le tyran règle tout; il semble qu'il apprête
L'appareil du carnage, et non pas d'une fête.

Par l'or de ce tyran le grand-prêtre inspiré
A fait parler le dieu dans son temple adoré.
Au nom de vos aïeux et du dieu qu'il atteste,
Il vient de déclarer cette union funeste.
Polyphonte, dit-il, a reçu vos serments;
Messène en est témoin, les dieux en sont garants.
Le peuple a répondu par des cris d'allégresse;
Et ne soupçonnant pas le chagrin qui vous presse,
Il célèbre à genoux cet hymen plein d'horreur:
Il bénit le tyran qui vous perce le cœur.

MÉROPE.

Et mes malheurs encor font la publique joie?

NARBAS.

Pour sauver votre fils quelle funeste voie!

MÉROPE.

C'est un crime effroyable, et déja tu frémis.

NARBAS.

Mais c'en est un plus grand de perdre votre fils.

MÉROPE.

Eh bien! le désespoir m'a rendu mon courage.
Courons tous vers le temple où m'attend mon outrage.
Montrons mon fils au peuple, et plaçons-le à leurs yeux,
Entre l'autel et moi sous la garde des dieux.
Il est né de leur sang, ils prendront sa défense;
Ils ont assez long-temps trahi son innocence.
De son lâche assassin je peindrai les fureurs:
L'horreur et la vengeance empliront tous les cœurs.
Tyrans, craignez les cris et les pleurs d'une mère.
On vient. Ah! je frissonne. Ah! tout me désespère.
On m'appelle, et mon fils est au bord du cercueil;
Le tyran peut encor l'y plonger d'un coup d'œil.

(aux sacrificateurs.)

Ministres rigoureux du monstre qui m'opprime,
Vous venez à l'autel entraîner la victime.
O vengeance! ô tendresse! ô nature! ô devoir!
Qu'allez-vous ordonner d'un cœur au désespoir?

FIN DU QUATRIÈME ACTE.

ACTE CINQUIÈME.

SCÈNE I.

ÉGISTHE, NARBAS, EURYCLÈS.

NARBAS.

Le tyran nous retient au palais de la reine,
Et notre destinée est encore incertaine.
Je tremble pour vous seul. Ah, mon prince! ah! mon fils!
Souffrez qu'un nom si doux me soit encor permis.
Ah! vivez. D'un tyran désarmez la colère,
Conservez une tête, hélas! si nécessaire,
Si long-temps menacée, et qui m'a tant coûté.

EURYCLÈS.

Songez que, pour vous seul abaissant sa fierté,
Mérope de ses pleurs daigne arroser encore
Les parricides mains d'un tyran qu'elle abhorre.

ÉGISTHE.

D'un long étonnement à peine revenu,
Je crois renaître ici dans un monde inconnu.
Un nouveau sang m'anime, un nouveau jour m'éclaire.
Qui, moi, né de Mérope! et Cresphonte est mon père!
Son assassin triomphe; il commande, et je sers!
Je suis le sang d'Hercule; et je suis dans les fers!

NARBAS.

Plût aux dieux qu'avec moi le petit-fils d'Alcide
Fût encore inconnu dans les champs de l'Élide!

ÉGISTHE.

Eh quoi! tous les malheurs aux humains réservés,
Faut-il, si jeune encor, les avoir éprouvés?

Les ravages, l'exil, la mort, l'ignominie,
Dès ma première aurore ont assiégé ma vie
De déserts en déserts errant, persécuté,
J'ai langui dans l'opprobre et dans l'obscurité.
Le ciel sait cependant si, parmi tant d'injures,
J'ai permis à ma voix d'éclater en murmures.
Malgré l'ambition qui dévorait mon cœur,
J'embrassai les vertus qu'exigeait mon malheur;
Je respectai, j'aimai jusqu'à votre misère;
Je n'aurais point aux dieux demandé d'autre père :
Ils m'en donnent un autre, et c'est pour m'outrager.
Je suis fils de Cresphonte, et ne puis le venger.
Je retrouve une mère, un tyran me l'arrache :
Un détestable hymen à ce monstre l'attache.
Je maudis dans vos bras le jour où je suis né;
Je maudis le secours que vous m'avez donné.
Ah! mon père! ah! pourquoi d'une mère égarée
Reteniez-vous tantôt la main désespérée?
Mes malheurs finissaient; mon sort était rempli.

NARBAS.

Ah! vous êtes perdu : le tyran vient ici.

SCÈNE II.

POLYPHONTE, ÉGISTHE, NARBAS, EURYCLÈS, GARDES.

POLYPHONTE.

(Narbas et Euryclès s'éloignent un peu.)

Retirez-vous; et toi, dont l'aveugle jeunesse
Inspire une pitié qu'on doit à la faiblesse,
Ton roi veut bien encor, pour la dernière fois,
Permettre à tes destins de changer à ton choix.

Le présent, l'avenir, et jusqu'à ta naissance,
Tout ton être, en un mot, est dans ma dépendance.
Je puis au plus haut rang d'un seul mot t'élever,
Te laisser dans les fers, te perdre ou te sauver.
Élevé loin des cours et sans expérience,
Laisse-moi gouverner ta farouche imprudence.
Crois-moi, n'affecte point, dans ton sort abattu,
Cet orgueil dangereux que tu prends pour vertu.
Si dans un rang obscur le destin t'a fait naître,
Conforme à ton état, sois humble avec ton maître.
Si le hasard heureux t'a fait naître d'un roi,
Rends-toi digne de l'être en servant près de moi.
Une reine en ces lieux te donne un grand exemple;
Elle a suivi mes lois, et marche vers le temple.
Suis ses pas et les miens; viens au pied de l'autel
Me jurer à genoux un hommage éternel.
Puisque tu crains les dieux, atteste leur puissance;
Prends-les tous à témoin de ton obéissance.
La porte des grandeurs est ouverte pour toi.
Un refus te perdra; choisis, et réponds-moi.

ÉGISTHE.

Tu me vois désarmé, comment puis-je répondre?
Tes discours, je l'avoue, ont de quoi me confondre;
Mais rends-moi seulement ce glaive que tu crains,
Ce fer que ta prudence écarte de mes mains :
Je répondrai pour lors, et tu pourras connaître
Qui de nous deux, perfide, est l'esclave ou le maître;
Si c'est à Polyphonte à régler mes destins,
Et si le fils des rois punit les assassins.

POLYPHONTE.

Faible et fier ennemi, ma bonté t'encourage :
Tu me crois assez grand pour oublier l'outrage,

Pour ne m'avilir pas jusqu'à punir en toi
Un esclave inconnu qui s'attaque à son roi.
Eh bien ! cette bonté, qui s'indigne et se lasse,
Te donne un seul moment pour obtenir ta grâce.
Je t'attends aux autels, et tu peux y venir :
Viens recevoir la mort, ou jurer d'obéir.
Gardes, auprès de moi vous pourrez l'introduire ;
Qu'aucun autre ne sorte, et n'ose le conduire.
Vous, Narbas, Euryclès, je le laisse en vos mains.
Tremblez ; vous répondrez de ses caprices vains.
Je connais votre haine, et j'en sais l'impuissance ;
Mais je me fie au moins à votre expérience.
Qu'il soit né de Mérope, ou qu'il soit votre fils,
D'un conseil imprudent sa mort sera le prix.

SCÈNE III.

ÉGISTHE, NARBAS, EURYCLÈS.

ÉGISTHE.

Ah ! je n'en recevrai que du sang qui m'anime.
Hercule ! instruis mon bras à me venger du crime ;
Éclaire mon esprit, du sein des immortels !
Polyphonte m'appelle au pied de tes autels ;
Et j'y cours.

NARBAS.

Ah ! mon prince, êtes-vous las de vivre ?

EURYCLÈS.

Dans ce péril du moins si nous pouvions vous suivre !
Mais laissez-nous le temps d'éveiller un parti,
Qui, tout faible qu'il est, n'est point anéanti.
Souffrez....

ÉGISTHE.

En d'autres temps mon courage tranquille
Au frein de vos leçons serait souple et docile;
Je vous croirais tous deux : mais dans un tel malheur,
Il ne faut consulter que le ciel et son cœur.
Qui ne peut se résoudre, aux conseils s'abandonne;
Mais le sang des héros ne croit ici personne.
Le sort en est jeté.... Ciel! qu'est-ce que je voi!
Mérope!

SCÈNE IV.

MÉROPE, ÉGISTHE, NARBAS, EURYCLÈS, SUITE.

MÉROPE.

Le tyran m'ose envoyer vers toi:
Ne crois pas que je vive après cet hyménée;
Mais cette honte horrible où je suis entraînée,
Je la subis pour toi, je me fais cet effort:
Fais-toi celui de vivre, et commande à ton sort.
Cher objet des terreurs dont mon ame est atteinte,
Toi pour qui je connais et la honte et la crainte,
Fils des rois et des dieux, mon fils, il faut servir.
Pour savoir se venger il faut savoir souffrir.
Je sens que ma faiblesse et t'indigne et t'outrage;
Je t'en aime encor plus, et je crains davantage.
Mon fils....

ÉGISTHE.

Osez me suivre.

MÉROPE.

Arrête. Que fais-tu?
Dieux! je me plains à vous de son trop de vertu.

ÉGISTHE.

Voyez-vous en ces lieux le tombeau de mon père?
Entendez-vous sa voix? Êtes-vous reine et mère?
Si vous l'êtes, venez.

MÉROPE.

Il semble que le ciel
T'élève en ce moment au-dessus d'un mortel.
Je respecte mon sang; je vois le sang d'Alcide;
Ah! parle: remplis-moi de ce dieu qui te guide.
Il te presse, il t'inspire. O mon fils! mon cher fils!
Achève, et rends la force à mes faibles esprits.

ÉGISTHE.

Auriez-vous des amis dans ce temple funeste?

MÉROPE.

J'en eus quand j'étais reine, et le peu qui m'en reste
Sous un joug étranger baisse un front abattu;
Le poids de mes malheurs accable leur vertu:
Polyphonte est haï; mais c'est lui qu'on couronne:
On m'aime et l'on me fuit.

ÉGISTHE.

Quoi! tout vous abandonne!
Ce monstre est à l'autel?

MÉROPE.

Il m'attend.

ÉGISTHE.

Ses soldats
A cet autel horrible accompagnent ses pas?

MÉROPE.

Non: la porte est livrée à leur troupe cruelle:
Il est environné de la foule infidèle
Des mêmes courtisans que j'ai vus autrefois
S'empresser à ma suite, et ramper sous mes lois.

Et moi, de tous les siens à l'autel entourée,
De ces lieux à toi seul je puis ouvrir l'entrée.

ÉGISTHE.

Seul, je vous y suivrai; j'y trouverai des dieux
Qui punissent le meurtre, et qui sont mes aïeux.

MÉROPE.

Ils t'ont trahi quinze ans.

ÉGISTHE.

Ils m'éprouvaient, sans doute.

MÉROPE.

Eh! quel est ton dessein?

ÉGISTHE.

Marchons, quoi qu'il en coûte.
Adieu, tristes amis; vous connaîtrez du moins
Que le fils de Mérope a mérité vos soins.

(à Narbas, en l'embrassant.)

Tu ne rougiras point, crois-moi, de ton ouvrage
Au sang qui m'a formé tu rendras témoignage.

SCÈNE V.

NARBAS, EURYCLÈS

NARBAS.

Que va-t-il faire? Hélas! tous mes soins sont trahis;
Les habiles tyrans ne sont jamais punis.
J'espérais que du temps la main tardive et sûre
Justifierait les dieux en vengeant leur injure;
Qu'Égisthe reprendrait son empire usurpé:
Mais le crime l'emporte, et je meurs détrompé.
Égisthe va se perdre à force de courage:
Il désobéira; la mort est son partage.

EURYCLÈS.

Entendez-vous ces cris dans les airs élancés?

NARBAS.

C'est le signal du crime.

EURYCLÈS.

Écoutons.

NARBAS.

Frémissez.

EURYCLÈS.

Sans doute qu'au moment d'épouser Polyphonte
La reine en expirant a prévenu sa honte;
Tel était son dessein dans son mortel ennui.

NARBAS.

Ah! son fils n'est donc plus! Elle eût vécu pour lui.

EURYCLÈS.

Le bruit croît, il redouble, il vient comme un tonnerre
Qui s'approche en grondant, et qui fond sur la terre.

NARBAS.

J'entends de tous côtés les cris des combattants;
Les sons de la trompette, et les voix des mourants;
Du palais de Mérope on enfonce la porte.

EURYCLÈS.

Ah! ne voyez-vous pas cette cruelle escorte,
Qui court, qui se dissipe, et qui va loin de nous?

NARBAS.

Va-t-elle du tyran servir l'affreux courroux?

EURYCLÈS.

Autant que mes regards au loin peuvent s'étendre,
On se mêle, on combat.

NARBAS.

Quel sang va-t-on répandre?
De Mérope et du roi le nom remplit les airs.

EURYCLÈS.

Grâces aux immortels! les chemins sont ouverts.
Allons voir à l'instant s'il faut mourir ou vivre.

(il sort.)

NARBAS.

Allons. D'un pas égal que ne puis-je vous suivre!
O dieux! rendez la force à ces bras énervés,
Pour le sang de mes rois autrefois éprouvés;
Que je donne du moins les restes de ma vie.
Hâtons-nous.

SCÈNE VI.

NARBAS, ISMÉNIE, PEUPLE.

NARBAS.

Quel spectacle! Est-ce vous, Isménie?
Sanglante, inanimée, est-ce vous que je vois?

ISMÉNIE.

Ah! laissez-moi reprendre et la vie et la voix.

NARBAS.

Mon fils est-il vivant? Que devient notre reine?

ISMÉNIE.

De mon saisissement je reviens avec peine;
Par les flots de ce peuple entraînée en ces lieux....

NARBAS.

Que fait Égisthe?

ISMÉNIE.

Il est.... le digne fils des dieux;
Égisthe! Il a frappé le coup le plus terrible.
Non, d'Alcide jamais la valeur invincible
N'a d'un exploit si rare étonné les humains.

NARBAS.

O mon fils! ô mon roi, qu'ont élevé mes mains!

ISMÉNIE.

La victime était prête, et de fleurs couronnée;
L'autel étincelait des flambeaux d'hyménée;
Polyphonte, l'œil fixe, et d'un front inhumain,
Présentait à Mérope une odieuse main;
Le prêtre prononçait les paroles sacrées;
Et la reine, au milieu des femmes éplorées,
S'avançant tristement, tremblante entre mes bras,
Au lieu de l'hyménée invoquait le trépas;
Le peuple observait tout dans un profond silence.
Dans l'enceinte sacrée en ce moment s'avance
Un jeune homme, un héros, semblable aux immort
Il court; c'était Égisthe; il s'élance aux autels;
Il monte, il y saisit d'une main assurée
Pour les fêtes des dieux la hache préparée.
Les éclairs sont moins prompts; je l'ai vu de mes yeux
Je l'ai vu qui frappait ce monstre audacieux.
Meurs, tyran, disait-il; dieux, prenez vos victimes.
Érox, qui de son maître a servi tous les crimes,
Érox, qui dans son sang voit ce monstre nager,
Lève une main hardie, et pense le venger.
Égisthe se retourne, enflammé de furie;
A côté de son maître il le jette sans vie.
Le tyran se relève : il blesse le héros;
De leur sang confondu j'ai vu couler les flots.
Déja la garde accourt avec des cris de rage.
Sa mère... Ah! que l'amour inspire de courage!
Quel transport animait ses efforts et ses pas!
Sa mère.... Elle s'élance au milieu des soldats.
C'est mon fils, arrêtez, cessez, troupe inhumaine;

C'est mon fils ; déchirez sa mère, et votre reine,
Ce sein qui l'a nourri, ces flancs qui l'ont porté.
A ces cris douloureux le peuple est agité ;
Une foule d'amis, que son danger excite,
Entre elle et ces soldats vole et se précipite.
Vous eussiez vu soudain les autels renversés,
Dans des ruisseaux de sang leurs débris dispersés ;
Les enfants écrasés dans les bras de leurs mères ;
Les frères méconnus immolés par leurs frères ;
Soldats, prêtres, amis, l'un sur l'autre expirants ;
On marche, on est porté sur les corps des mourants ;
On veut fuir, on revient ; et la foule pressée
D'un bout du temple à l'autre est vingt fois repoussée.
De ces flots confondus le flux impétueux
Roule, et dérobe Égisthe et la reine à mes yeux.
Parmi les combattants je vole ensanglantée ;
J'interroge à grands cris la foule épouvantée,
Tout ce qu'on me répond redouble mon horreur.
On s'écrie : Il est mort, il tombe, il est vainqueur.
Je cours, je me consume, et le peuple m'entraîne,
Me jette en ce palais, éplorée, incertaine,
Au milieu des mourants, des morts, et des débris.
Venez, suivez mes pas, joignez-vous à mes cris :
Venez. J'ignore encor si la reine est sauvée,
Si de son digne fils la vie est conservée,
Si le tyran n'est plus. Le trouble, la terreur,
Tout ce désordre horrible est encor dans mon cœur.

NARBAS.

Arbitre des humains, divine providence,
Achève ton ouvrage, et soutiens l'innocence :
A nos malheurs passés mesure tes bienfaits ;
O ciel, conserve Égisthe, et que je meure en paix !
Ah ! parmi ces soldats ne vois-je point la reine ?

SCÈNE VII.

MÉROPE, ISMÉNIE, NARBAS, PEUPLE, SOLDATS.

(On voit dans le fond du théâtre le corps de Polyphonte couvert d'une robe sanglante.)

MÉROPE.

GUERRIERS, prêtres, amis, citoyens de Messène,
Au nom des dieux vengeurs, peuples, écoutez-moi
Je vous le jure encore, Égisthe est votre roi :
Il a puni le crime, il a vengé son père.
Celui que vous voyez traîné sur la poussière,
C'est un monstre ennemi des dieux et des humains :
Dans le sein de Cresphonte il enfonça ses mains.
Cresphonte mon époux, mon appui, votre maître,
Mes deux fils sont tombés sous les coups de ce traître.
Il opprimait Messène, il usurpait mon rang ;
Il m'offrait une main fumante de mon sang.

(en courant vers Egisthe, qui arrive la hache à la main.)

Celui que vous voyez, vainqueur de Polyphonte,
C'est le fils de vos rois ; c'est le sang de Cresphonte ;
C'est le mien, c'est le seul qui reste à ma douleur.
Quels témoins voulez-vous plus certains que mon cœur ?
Regardez ce vieillard ; c'est lui dont la prudence
Aux mains de Polyphonte arracha son enfance.
Les dieux ont fait le reste.

NARBAS.

Oui, j'atteste ces dieux
Que c'est là votre roi qui combattait pour eux.

ÉGISTHE.

Amis, pouvez-vous bien méconnaître une mère?
Un fils qu'elle défend? un fils qui venge un père?
Un roi vengeur du crime?

MÉROPE.

Et si vous en doutez,
Reconnaissez mon fils aux coups qu'il a portés,
A votre délivrance, à son ame intrépide.
Eh! quel autre jamais qu'un descendant d'Alcide,
Nourri dans la misère, à peine en son printemps,
Eût pu venger Messène et punir les tyrans?
Il soutiendra son peuple, il vengera la terre.
Écoutez: le ciel parle; entendez son tonnerre.
Sa voix qui se déclare et se joint à mes cris,
Sa voix rend témoignage, et dit qu'il est mon fils.

SCÈNE VIII.

MEROPE, ÉGISTHE, ISMÉNIE, NARBAS
EURYCLÈS, PEUPLE.

EURYCLÈS.

Ah! montrez-vous, madame, à la ville calmée:
Du retour de son roi la nouvelle semée,
Volant de bouche en bouche, a changé les esprits.
Nos amis ont parlé; les cœurs sont attendris:
Le peuple impatient verse des pleurs de joie;
Il adore le roi que le ciel lui renvoie,
Il bénit votre fils, il bénit votre amour:
Il consacre à jamais ce redoutable jour.
Chacun veut contempler son auguste visage;
On veut revoir Narbas: on veut vous rendre hommage.

Le nom de Polyphonte est partout abhorré;
Celui de votre fils, le vôtre est adoré.
O roi! venez jouir du prix de la victoire;
Ce prix est notre amour, il vaut mieux que la gloire.

ÉGISTHE.

Elle n'est point à moi; cette gloire est aux dieux :
Ainsi que le bonheur, la vertu nous vient d'eux.
Allons monter au trône, en y plaçant ma mère;
Et vous, mon cher Narbas, soyez toujours mon père.

FIN DE MÉROPE.

TABLE

DES MATIÈRES.

FIN DE LA TABLE DU TROISIÈME VOLUME.

LIMOGES ET ISLE,
IMP. MARTIAL ARDANT FRÈRES

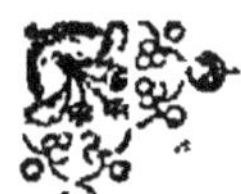

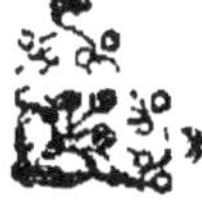

www.ingramcontent.com/pod-product-compliance
Lightning Source LLC
LaVergne TN
LVHW020556230826
846091LV00002B/500